Herder Taschenbuch

Sonderband

Ein fröhlich Herz gib uns, o Herr

Von der Lebensfreude des Christen

Herder Taschenbuch Verlag

Buchumschlag: Werner Bleyer

Herder Freiburg · Basel · Wien
Herstellung: Freiburger Graphische Betriebe 1989
ISBN 3-451-21444-X

Inhalt

„LIEBE GEMEINDE!“

HUMOR HINTER KLOSTERMAUERN

„MIT IRDISCH-HIMMLISCHEN GRÜSSEN"

GOTTES KLEINE FREUNDE

VON DER HEITERKEIT DES ALTERS

Vorwort

„Er gebe uns ein fröhlich Herz, erfrische Geist und Sinn und werfe Angst, Furcht, Sorg und Schmerz in Meerestiefen hin."

Leichter gesungen als getan, werden wir wohl manchmal gedacht haben, wenn im Gottesdienst dieses bekannte Danklied angestimmt wurde. Der Dichter Paul Gerhardt – schauen wir genau hin – meint allerdings nicht, daß wir aus eigener Kraft unsere Sorgen abschütteln können. *Er* gebe uns ein fröhlich Herz. Das ist eine Bitte an den, „der seine Wunder überall und große Dinge tut".

Ein fröhlich Herz ist in der Tat ein wunderbares Geschenk, nicht zu verwechseln mit der vergnügten Stimmung, die aufkommt und rasch wieder vergeht. Gemeint ist eine positive Grundeinstellung, die so leicht nicht zu erschüttern ist, geboren aus einem festen Vertrauen in die Richtigkeit der Welt. Viele Dinge erscheinen dann in einem anderen Licht, annehmbarer, reizvoller, freundlicher. Manchmal lachen sie uns geradezu an, was wir früher nicht bemerkt haben. Jetzt lachen wir zurück. Der Philosoph Immanuel Kant meint: „Der Himmel hat den Menschen als Gegengewalt gegen die Mühseligkeit des Lebens drei Dinge gegeben: die Hoffnung, den Schlaf und das Lachen." Einem Kranken bringt der Pfarrer zum Zeitvertreib ein dickes Wilhelm-Busch-Album. Als er ein paar Tage später sich bei dem Patienten erkundigt, wie ihm die Bildergeschichten gefallen haben, hört er zu seinem Erstaunen: „Wenn ich nicht gewußt hätte, daß das das Wort Gottes ist, dann hätte ich doch manchmal laut lachen müssen ..." Das ist eine zumindest gut erfundene Anekdote; denn die Vorstellung ist noch immer weit verbreitet, das Christentum sei eine todernste Sache.

Dieser Irrtum soll hier mit vielen Beispielen widerlegt werden – schmunzelnd, wie könnte es auch anders möglich sein. So handelt dieser Sonderband von heiterer Bibellektüre, närrischen Predigten und dem gesunden Predigtschlaf, von Humor hinter Klostermauern, vom unbefangenen Umgang der Kinder mit dem lieben Gott und der lächelnden Weisheit des Alters.

Die Texte stammen von Autoren der Herderbücherei, die seit Jahren für mehr Freude im Christentum eintreten. Am Ende des Sonderbandes (Seite 106) findet man einen Autoren- und Quellennachweis. Dort kann man nachschlagen, welchen Taschenbüchern die Anekdoten, Kurzgeschichten und Kurzbetrachtungen entnommen sind; denn sicher wird der eine oder andere Text neugierig machen und dazu verlocken, mehr von dem Autor zu lesen.

Dieses Vergnügen kann man sich in jeder Buchhandlung erfüllen, die Taschenbücher führt. Sollte die gewünschte Band-Nummer gerade nicht vorrätig sein, so kann der Buchhändler sie in kürzester Zeit besorgen. Heitere Herder-Taschenbücher stehen übrigens auch in vielen Pfarrbüchereien.

Fröhlichkeit und Frömmigkeit – im Grunde sind sie Geschwister. In dieser Überzeugung hat der Herder-Taschenbuchverlag bereits Millionen Leser bestärkt, seit über 30 Jahren. Eine Übersicht über das religiöse Programm ist auf den Seiten 111–127 zu finden. Dieser Sonderband möchte zur Lebensfreude der Christen beitragen, denn: „Das Lachen aus heiterem Herzen ist mehr wert als die längste und schärfste Predigt" (Adolph Kolping).

Die Taschenbuchredaktion
Im November 1988

Von der unvergänglichen Freude des Christen

Im Vertrauen auf Jesus vermag der Gläubige zu erfahren: Christusnachfolge führt zu einem geglückten Menschsein, denn Heil ist in Jesus und in keinem sonst. Diese Glaubensgewißheit ist Grund zur Freude – und gleichzeitig ihre Vorbedingung. Indessen: Wenn der Gläubige sich in der Welt etwas umsieht, dann wird er mühelos feststellen, daß auch Ungläubige echte und tiefe Freude ausstrahlen, ja oftmals viel erlöster dreinblicken als die „Erlösten" – aber sind nicht alle *Menschen in Jesus Christus erlöst worden? Gott will ja das Heil niemandem vorenthalten (vgl. 1 Tim 2,4). Der Christ unterscheidet sich von den Nicht- und Andersgläubigen darin, daß er um den letzten Grund seiner Freude „weiß". Einerseits müßte diese Gewißheit auch und gerade dann sichtbar werden, wenn die äußeren Lebensumstände alles andere als erfreulich sind. Anderseits mag sich manch einer fragen, ob es angesichts des unsäglichen Leids, das die Menschheit und den einzelnen immer wieder trifft, überhaupt noch möglich sei, sich zu freuen. Viele Denker haben sich im Lauf der Jahrhunderte mit dieser Frage befaßt und sind dabei zu sehr unterschiedlichen Ergebnissen gekommen.*

Muß es angesichts des Leides in der Welt nicht auch den Gläubigen schwerfallen, so große Wörter wie „Erlösung" und „Heil" in den Mund zu nehmen? Wird da die Not der Menschen nicht etwas leichthin überspielt? Ist nicht das Un-Heil stärker, mächtiger, größer? – Und selbst jene Menschen, die den inneren Frieden gefunden haben, leiden nicht auch sie unter dem Unfrieden in ihrer näheren und ferneren Umge-

bung? Offenbar drängt sich geradezu die Frage auf, ob die christliche Lehre von der Erlösung den Leiden einer unerlösten Welt überhaupt Rechnung trägt. Werden da nicht jene Probleme leichthin übersehen und als unerheblich abgetan, die doch gerade am dringlichsten einer Lösung bedürften? Ist das Bekenntnis zur Freude nicht eine billige Ausflucht für satte und zufriedene Spießer, die ihr Schäflein auf dem Trokkenen haben?

Solche Fragen und Anfragen sind ebenso berechtigt wie verständlich. Denn der Gläubige darf sich nicht selber täuschen und sich seine Freude vormachen, die nichts anderes ist als eine billige Fassade. Vielmehr müßte gerade er die Leiden seiner Zeit mit um so größerem Entsetzen wahrnehmen, je mehr diese im Kontrast stehen zu dem von ihm erhofften und erwarteten und – das klingt hoffentlich nicht zu altmodisch? – erbeteten Heil. Denn das Heil, das der Christ verkündet, ist tatsächlich mehr erhofft als gegenwärtig. So wenigstens behauptet es die Schrift. Das Bundesvolk Israel hat Gott immer als den Kommenden erfahren. Und, wie wir schon sahen, Jesus selbst verkündete die Gottesherrschaft, und zwar als schon *angebrochene Wirklichkeit, die aber bei weitem* noch nicht *zur Vollendung gelangt ist.* Anderseits begründet gerade die Tatsache, daß Gottes Herrschaft bereits begonnen hat, *die frohe Hoffnung auf Heil ...*

So schreibt etwa der Verfasser des ersten Petrusbriefes:

„Gepriesen sei der Gott und Vater unseres Herrn Jesus Christus: Er hat uns in seinem großen Erbarmen neu geboren, damit wir durch die Auferstehung Jesu Christi von den Toten eine lebendige Hoffnung haben und das unzerstörbare, makellose und unvergängliche Erbe empfangen, das im Himmel für euch aufbewahrt ist. Gottes Macht behütet euch durch den Glauben, damit ihr das Heil erlangt, das am Ende der Zeit offenbar werden soll. Deshalb seid ihr voll Freude, obwohl ihr jetzt vielleicht kurze Zeit unter mancherlei Prüfungen leiden müßt. Dadurch soll sich euer Glaube bewähren, und es wird sich zeigen, daß er wertvoller ist als Gold, das im Feuer ge-

prüft wurde und doch vergänglich ist“ (1 Petr 1,3–7; vgl. 4,12f).

Ähnlich äußert sich Paulus gegenüber der Christengemeinde von Rom:

„Gerecht gemacht aus Glauben, haben wir Frieden mit Gott durch Jesus Christus, unseren Herrn. Durch ihn haben wir auch den Zugang zu der Gnade erhalten, in der wir stehen, und rühmen uns unserer Hoffnung auf die Herrlichkeit Gottes. Mehr noch, wir rühmen uns ebenso unserer Bedrängnis; denn wir wissen: Bedrängnis bewirkt Geduld, Geduld aber Bewährung, Bewährung Hoffnung“ (Röm 5,1–4; vgl. 1 Thess 3,3).

Die Schrift betont immer wieder, daß Freude für den Christen nicht bedeutet, daß es jetzt kein Leid und keine Traurigkeit mehr gibt auf der Erde. Freude, wie sie die Schrift versteht, hebt weder das Leid noch die Traurigkeit schlechthin auf, noch übersieht sie sie. Aber sie bewirkt, daß beides auf andere Weise, nämlich nicht zerstörend, sondern heilbringend erfahren wird. *Ganz praktisch ausgedrückt: Christliche Freude hat keinerlei Einfluß auf den Hormonhaushalt des Körpers, noch auf die äußeren Lebensumstände. Bei aller Freude bleibt der Christ Stimmungen und Gemütswandlungen unterworfen wie alle anderen Menschen auch. Die Christen unterscheiden sich von den Nicht- oder Andersgläubigen nicht dadurch, daß sie keine Kopfschmerzen kriegen, wenn das Wetter umschlägt. Auch der Gläubige ist manchmal traurig, aber dabei resigniert er nicht; auch er kann einmal niedergeschlagen sein, aber doch nicht für immer verzweifelt; er mag augenblicklich entmutigt werden, aber ist nicht dauernd mutlos! Freude schließt Trauer nicht aus; das wäre ja geradezu ein monstruöses Christentum, das einer Mutter das Trauern verbieten wollte, wenn sie ihr Kind verliert. Wenn Paulus die Gemeinde von Thessalonich ermahnt: Seid nicht traurig „wie die anderen, die keine Hoffnung haben“ (1 Thess 4,13), dann spricht er damit kein Trauerverbot aus. Er will lediglich sagen: Trauert nicht* so, *wie die hoff-*

nungslosen Menschen trauern, die keine Auferstehung kennen und für die der Tod das Letzte ist.

In *aller Traurigkeit hält der Christ an der Sinnhaftigkeit auch des dunklen Geschehens fest;* durch *alle Mutlosigkeit* hindurch *bewahrt er eine gewisse heitere Gelassenheit;* trotz *aller Niedergeschlagenheit ist seine Grundstimmung die der Freude, eben weil er darauf vertraut: Hinter allem, was ihm begegnet, was ihn bedrückt und beschwert, steht doch letztlich der, der den weiteren Blick und den größeren Horizont hat und der allein das Heil zu schenken vermag – der unbegreifliche, lebendige, rettende Gott.*

Josef Imbach, in Nr. 1561

Heitere Bibellektüre

Brief aus der Arche

„Gehst du hott, geh ich hüh"

Und David tanzte vor Jahwe her

Unseres Herren Schlagfertigkeit

Hat Jesus wirklich gelacht?

Ostergelächter

Brief aus der Arche

„Alle Arten der Tiere, die sich auf der Erde regen, und alle Arten der Vögel des fliegenden Getiers. Sie waren zu Noach in die Arche gekommen, immer zwei von allen Wesen aus Fleisch, in denen Lebensgeist ist. Von allen Tieren waren Männchen und Weibchen aufgenommen, wie Gott ihm aufgetragen hatte. Dann schloß der Herr hinter ihnen zu. Die Flut auf der Erde dauerte vierzig Tage ... Das Wasser schwoll an und stieg immer mehr auf der Erde, die Arche aber trieb auf dem Wasser dahin. Das Wasser auf der Erde war gewaltig angeschwollen und bedeckte alle hohen Berge, die es unter dem ganzen Himmel gibt!" (Gen 7,14–19). Soweit die Schrift. Nun der Brief:

Adressat: Reverend J. A. Patric Adelmann, vormals Ltn. d. Res. bei S. M. der Königin der indischen Elefantenkavallerie, OPM, SQT, LMA, c/o SDR Stuttgart, near by Wilhelma. Germany.

Absender: Arche-Elefant Ghagwan, z. Z. S. M. Arche, auf hoher See, etwa zwischen Zweiströmeland und Mount Ararat. Am 38. Tag der Sintflut.

Father Adelmann,
schreibe Ihnen vom Oberdeck unseres Schiffes, da man mich und meine liebe Frau wegen unserer Größe, Höhe und Breite nicht in den unteren Decks aufnehmen wollte. Jetzt stehen wir beide ständig im Regen. Ich bin der „Arche-Elefant", wie Sie ja seit langem wissen, weil ich der Arche-Typ aller Elefanten nach der Sintflut bin, was un-

bestritten ist, und ich wirklich die Ehre habe, auf seiner Majestät „Arche“ zu reisen. Wohin, wie lange, ist allerdings ganz ungewiß. Ich schreibe Ihnen aus zwei Gründen. Einerseits möchte ich Sie vor einem Irrtum bewahren, andererseits versuche ich, Ihnen Mut zu machen. Der Irrtum, von dem ich spreche, ist der historisch-kritischen Methode Ihrer Tage zu verdanken, wonach die Sintflut gar nicht stattgefunden habe, höchstens als eine Art Überschwemmung von Euphrat und Tigris im Zweiströmeland, wo wir ja tatsächlich an Bord gingen. Man müsse die Geschichtlichkeit des Phänomens „Sintflut“ anzweifeln, sagen Ihre Theologen. Nun mit Ihrem Dichter Bert Brecht gesagt: „Ich war dabei!“ Und als Realist gesagt: „Ich bin dabei!“

Meine liebe Frau bläst mir allerdings ständig in die Schlappohren, die Lage sei verzweifelt. Aber ich hebe den Rüssel und schnuppere jetzt schon grünen Dschungel. Man erzählt sich, Kapitän Noach habe eine Taube in die Wasserwüste geworfen und diese sei mit einem grünen Ölzweig im Schnabel zurückgekehrt. So stehe es im Logbuch. Aber das sind alles Gerüchte. Kapitän Noach sagte: Wie im „zweiten Paradies“ sollten wir hier leben. Auch Ihr Kollege hier an Bord, lieber Father Adelmann, dieser prächtige Esel des Bileam, hat dem Kapitän zugestimmt und hinzugefügt, die Rettung komme bestimmt. Und er sprach von „Zuversicht“ und „Treue“ Gottes. Mein Nachbar, der alte Giraffenhengst, der alles von einer höheren Warte sehen möchte, behauptet zwar, das sei eine „Durchhalteparole“. Ich selbst meine ja auch, daß eine Taube noch keinen Frühling macht. Der Reverend Esel sah hinter den Wolken schon einen Regenbogen, Gott sei treu und halte, was er versprochen habe! Irgendwo in Stuttgart am Neckar habe er schon jetzt einen Hafen gebaut, oder er sei auf dem Weg zum Mount Ararat, nach drüben in die Türkei. Stuttgart wäre mir lieber, wegen der Wilhelma.

Meine liebe Gattin fürchtet sich sehr vor dem Ausladen, denn schon beim Einschiffen wäre fast der Kran gebrochen unter dieser süßen Last. Aber nun, nach vierzigtägigem Fasten, hat sie an Gewicht verloren, die Arme. „Gott ist treu!" Mir sind aber im langen Leben Sahibs begegnet, die reichlich oft ihr Versprechen nicht eingehalten haben, sogar christliche Sahibs waren darunter. Aber das hat sich ja jetzt alles geändert.

Was mich nun wirklich verbittert, Father Patric?

Wie kommt Sahib Gott dazu, mir meine Herde zu nehmen, die vielen reizenden Damen und so viele Kinder? Von jeder Art durfte es nur ein Paar sein. Wieso erlaubt sich dieser Sahib Gott solche Auswahlmethoden? Ich würde ihm am liebsten etwas auf den Fuß treten. Aber nachdem der Kapitän Noach vom „zweiten Paradies" erzählte und mir sagte, Sahib Gott sei viel größer als ich und viel undurchschaubarer, was ich beides nicht recht zu glauben vermag, senke ich in Ergebenheit meinen Rüssel. Und meine liebe Frau bildet sich sogar etwas darauf ein, die Einzigerwählte zu sein. Der Bord-Reverend Esel meint, daß dieser paarweise Auftrieb etwas mit der „Einehe" zu tun habe und ein hehres Zeichen gegen die böse „Vielweiberei" sei. Immerhin darf ich Ihnen versichern, daß es hier an Bord noch keinen „Zölibat" gibt.

Ich muß jetzt schließen, lieber Freund. Ich bin zum Wasserschöpfen abkommandiert, wozu ich bestens geeignet bin. Gerne würde ich dem Tiger eine mittlere Sintflut auf das glatte Fell spritzen, aber wie gesagt: „Zweites Paradies" auf hoher See. Der Löwe übertreibt das Paradies etwas, er liegt dauernd beim Lamm. Vielleicht sehen wir uns bald wieder. Frankfurt hat auch einen schönen Zoo. Yours faithfully Elefant Ghagwan, Arche.

PS. Meine Frau macht in Ihre Richtung einen zirkusreifen Knicks und bekommt ganz feuchte Augen.

Josef Anselm Adelmann, in Nr. 1290

„Gehst du hott, geh ich hüh“

„Meine lieben Bauern!
Ihr werdet schon oft davon gehört haben, daß es einmal zwei Männer gab, von denen einer Abraham, der andere Loth geheißen hat. Vettern sind sie beide gewesen. Jetzt hört, wie es beiden so wunderlich ergangen ist. Die beiden Männer haben von allem genug gehabt, was sie haben wollten: Enten, Geißen, Tauben, Hennen, Kapaune, Schafe, Kühe, Kälber, Ochsen, Rosse oder Gäule und Kamele. Ihr werdet schon wissen, was das für Tiere sind: sie haben lange Hälse und einen Höcker auf dem Buckel. Nun, was geschieht? Als sie unterwegs gewesen sind, haben ihre Hirtenleute – o ich mein’, ich müßt’ denen Strahlnarren allen den Kopf bis zu den Stumpen runterbeißen – sie haben, sag’ ich, die Lumpenhunde, miteinander auf der Weide gerade wie unsere Roßbuben, Händel angefangen, gescholten, geschlagen, gerissen, daß die Fetzen davon geflogen sind. Löcher haben sie oft gehabt wie die Kochtöpfe. Jetzt denkt, was die Barbiere gekostet haben werden, ha! Wie diese Sache der Abraham gesehen hat, ist er jetzt halt auch giftig geworden. Was, sagt er, Vetter Loth, sagt er, so geht es nicht weiter, sagt er. Du weißt, sagt er, daß du und ich allemal freundlich miteinander gelebt haben, sagt er, ich fürchte, wir zwei kommen selber noch hintereinander, sagt er, und springen aneinander hinauf wie zwei Göckel auf der Miste, sagt er. Denn warum? Wenn die Knechte anfangen, einander zu verprügeln, so kommt es gewiß auch noch an die Herren selber,

sagt er. Weißt du was? Zieh du hin, wohin du magst, ich laß' dir die Wahl. Gehst du hott, geh ich hüh, gehst du hüh, geh ich hott. Guck, was ich dem lieben Frieden zuliebe tu.

O wenn da unsere Bauern auch so wären! Wie balgen sich doch die Narren oft um eine kleine Sache. Keiner will nachgeben, keiner tun, was den anderen freut. Es heißt denn: Der Gescheitere gibt nach. So aber, wenn beide Narren sind, was kommt dabei am Ende heraus? Die Stuhlfüße wissen es am besten, wenn man mit ihnen herumsäbelt. Der Amtmann mag zum Frieden auffordern wie er will; der Pfarrer, er ist doch ein Geistlicher, mag sagen, was er will. Nichts gibt man auf ihn, er muß oft froh sein, wenn ihm die groben Lümmel nicht an seinem geweihten Gewand das Maß nehmen. O heiliger Abraham! Die Zeit ist nicht mehr das, was sie einmal gewesen ist. Aber wieder zur G'schicht!

Was meint ihr, hat der Loth getan? Was hat sein Vetter gesagt? Freilich! Er hat keinen so harten Kopf gehabt wie ihr. Gleich hat er seinen Ranzen zusammengepackt, seine Sächle eingepackt, seine Herden abgezählt und ist hott gegangen in ein schönes Land, wo „Sodom" gestanden ist. O das ist ein Land gewesen! Das hat ein anderes Aussehen gehabt als bei uns auf unseren steinigen Feldern. Man hat dort mehrere Mal in einem Jahr geerntet. Birnen, Äpfel hat man dort gesehen wie die Kürbisse bei uns. Ja, wohl Holzäpfel, Dornenschlehen, Hagebutten? Lauter Pfundbirnen sind dort gewesen, wie man sehen konnte. Vom Wein will ich nix sagen. Man hat fast nicht gewußt, wo man ihn hintun soll. Er ist kein solcher Rachenputzer gewesen, wie ihn unsere Wirte feilbieten. Unsere Erntefeste, Kirchweihen, Hochzeiten sind alle lauter Karfreitage gewesen gegenüber den Zeiten, die man dort gehabt hat.

Aber es hat auch einen Haken gehabt. Die Leut' an jenem Ort sind nichts nutz gewesen. Unser Herrgott hat sie aber auch brav am Schopf genommen. Denn die Heiden sind gekommen und haben mit Pfeifen und Trommeln die Stadt eingenommen. Männer, Weiber und Kinder haben sie mitgeschleift, so wie man es euch sonst von den Türken erzählt. Und denkt! Der Loth ist auch dabeigewesen. O du armer Tropf! Wärest du hüh gegangen! Ein anderes Mal wäre er um ein Haar verbrannt, als unser Herrgott Sodom angezündet hat. Wenn er nicht zu allem Glück aus der Stadt hinausgegangen wäre, dann wäre es mit ihm geschehen gewesen.

Der Abraham hat nie Not gehabt; er hat sein ehrliches Stück Brot gehabt, es ist ihm nichts abgegangen. Der Loth hätte das auch haben können, wenn er nur hüh gegangen wäre.

So geht's aber, meine lieben Leut', wenn man nur will, was den Augen wohltut. Macht's beileibe nicht so! Fragt vorher um Rat, nachher tut, was ihr wollt. Nehmt meine Lehre wohl auf und seid keine solchen Narren! Sonst holt euch der Teufel; welches uns verleihe Gott Vater, Gott Sohn und Gott Heiliger Geist."

Sebastian Sailer (1714–1777), in Nr. 1591

Und David tanzte vor Jahwe her

„Frau Apollonia Glaubtreu, zu Ende gehende Mittvierzigerin, ist erbost und empört. Ihre flaumzarte, katholische Opferseele glüht in waberndem Prophetenzorn wegen des Frevels an heiliger Stätte." So hatte Pater Fridolin Leiseklag das Geschehen umschrieben, das ihm von der flammenden Prophetin Apollonia berichtet wurde. In einer heiligen Messe wurde zu Anfang und nach der Kommunion getanzt, ja, um den Altar getanzt zu schwung- und klangvoller Musik, die aus einem Cassettenrecorder tönte. Pater Fridolin blickte schmerzlich, um die abgrundtiefen Geheimnisse frommer Seelen wissend, auf die knisternde, knatternde und schnatternde Prophetenflamme. „Der Rauch Satans ist in die Kirche eingedrungen", seufzte Pater Leiseklag und verzog leicht die etwas zu rund gewachsene Knollennase, als rieche er die heranziehenden satanischen Rauchschwaden. „Frevel an heiliger Stätte" – das war das Trompetenwort für Apollonia Glaubtreu und ihr schwadronierendes Bataillon aufrechter Kirchenamazonen.

In Wirklichkeit war folgendes geschehen: Ein paar ältere und jüngere Frauen der katholischen Frauengemeinschaft fanden sich zu einer Tanz- und Gymnastikgruppe zusammen. Sie probten jeden Freitag volle zwei Stunden verschiedenartige Tanzfiguren ein. Dabei spürten sie, wie frei Herz und Geist werden, wenn der Leib sie in schwingende Bewegung setzt. So machte ihnen der Tanzabend mehr und mehr Spaß. Eines Tages tauchte die Vorsitzende der katholischen Frauengemeinschaft in der Runde auf und erzählte begeistert von einem Gottesdienst während der Jahrestagung der katholischen Frauen. Dort wurden mehrere Tänze aufgeführt. „Ich dachte mir", sagte die resolute Leiterin der Frauengemeinschaft, „das können wir in unserer Pfarrei im Gottesdienst auch einmal versuchen." Der Pfarrer – das wußte sie – ist für alle guten Versuche in der Liturgie offen und hat sie schon vor einiger Zeit zu einem Tanzexperiment ermuntert. Und sie probierten es. Die zehn Frauen schwangen ihre Beine; sie lobten und dankten Gott nicht nur mit Herzen, Mund und Händen, sondern auch mit Beinen und Füßen. Frau Apollonia Glaubtreu beantragte Aussprache über den „Frevel an heiliger Stätte". Die Vorsitzende war nervös und verängstigt, kannte sie doch die Dolchzungen, mit denen Apollonias Amazonen sprachen und stachen. Sie ging zum Pfarrer und erzählte ihm von der drohenden Gefahr. Der Pfarrer sagte: „Bleiben Sie ruhig und gelassen. Ich werde eine Begründung geben, die euch rechtfertigt und Frau Apollonia vielleicht zum Nachdenken bringt und zwingt."

Der Tag der Generalversammlung kam heran. Frau Glaubtreu lud ihre „Irrtumsabwehrkanone" voll durch, zielte auf den eigentlichen Urheber des Tanzes, nämlich den „supermodernen", trotz päpstlichen Verbotes immer noch Schlips tragenden Pfarrer. Die Frauen – insbesondere die Tänzerinnen – schauten verlegen und ängstlich in ihre leeren Kaffeetassen. Der Pfarrer lächelte leise in die Runde und sagte laut: „Und Michal schaut immer noch zum Fenster hinaus." Alle blickten ihn überrascht und erstaunt an. Was sollte das wohl heißen?

Der Pfarrer schlug die Bibel auf und erklärte: „Im zweiten Buch Samuel steht eine Geschichte vom tanzenden David. – Zuvor muß ich jedoch eine Erklärung zum Text geben. – Dabei geht es um den Begriff der Bundeslade. Die Bundeslade war ein Aufbewahrungsort der Tafeln des

Bundes – das sind die Zehn Gebote – und galt als Symbol der Gegenwart Gottes, der mit seinem Volk einen unauflöslichen Bund geschlossen hat."

Im zweiten Buch Samuel wird nun berichtet, wie diese Bundeslade – das typische Heiligtum des Volkes Israel – nach Jerusalem gebracht wurde. Für den König David war dieser Tag ein Höhepunkt in seinem Leben, und er erlebte ihn so:

„David fürchtete sich vor Jahwe und sagte sich: ‚Wie kann die Lade Jahwes zu mir kommen?' Deshalb wollte David die Lade Jahwes sich nicht in die Davidstadt bringen lassen, sondern David ließ sie in das Haus des Obed-Edom aus Gat schaffen. Die Lade Jahwes hatte drei Monate Obdach im Hause des Obed-Edom aus Gat, und Jahwe segnete Obed-Edom samt seinem ganzen Hause. Als dann dem König David gemeldet wurde: ;Jahwe hat das ganze Haus des Obed-Edom und all seine Habe gesegnet um der Gotteslade willen', da ging David hin und holte die Gotteslade aus dem Haus des Obed-Edom voller Freude in die Davidstadt hinauf. Und es ging so zu: Nachdem die Träger der Lade Jahwes sechs Schritte gemacht hatten, opferte David ein Rind und ein Mastkalb. Auch tanzte David mit aller Kraft vor Jahwe her, wobei David mit einem Linnen-Ephod umgürtet war. So brachten David und das ganze Haus Israel mit Jubel und Posaunenschall die Lade Jahwes hinauf. Als aber die Lade Jahwes in die Davidstadt einzog, begab es sich, daß Michal, die Tochter Sauls, zum Fenster hinausschaute. Wie sie nun den König David vor Jahwe springen und tanzen sah, verachtete sie ihn in ihrem Herzen. Man trug die Lade Jahwes hinein und stellte sie an ihren Platz in dem Zelte, das David für sie aufgeschlagen hatte. Als darauf David heimkehrte, um seiner Familie den Segensgruß zu entbieten, trat Michal, die Tochter Sauls, David entgegen und sagte: ‚Wie ehrenhaft hat sich doch heute der König Israels benommen, als er heute vor den Augen der Mägde, seiner Diener, sich entblößte, wie nur irgendeiner aus dem Gesindel sich zu entblößen pflegt.' David entgegnete Michal: ,Vor Jahwe tanze ich! Beim Leben Jahwes, der mich statt deines Vaters und seines ganzen Hauses erwählte und mich zum Fürsten über das Volk Jahwes, über Israel, einsetzte, ja, vor Jahwe will ich tanzen. Ich will mich sogar noch tiefer verdemütigen als diesmal, auch wenn ich verächtlich bin in deinen Augen. Aber bei den Mägden, von denen du sprachst, bei denen will ich mir Ehre einlegen.' Michal aber, die Tochter Sauls, bekam kein Kind bis zum Tage ihres Todes" (2. Samuel 6,9–17.20–23).

David tanzte also, trotz Michals hämischer Blicke und Worte und sagte: „Vor Jahwe tanze ich!" Er tanzte aus Freude und Dankbarkeit, weil er spürte: Gott muß mit Leib und Seele gelobt werden. Die Michals wird es immer wieder geben. Sie schauen mit harten, mißgünstigen Augen auf die tanzenden Davide, damals und heute. Und es geschieht dann oft, daß die Michals unfruchtbar an Phantasie, Einfällen und Engagement werden und bleiben. Die Supermoralischen zahlen nämlich einen hohen Preis für ihre Strenge und Härte. Sie schrumpfen oft seelisch und geistig ein, sie verkümmern wie eine Rose, die nur im Schatten steht. Gott aber läßt seine Tänzer nicht allein. Für sie gilt das tröstlich-befreiende Pauluswort: Verherrlicht Gott in eurem Leibe. Und ein jubelndes Echo dieses Paulustextes ist ein Satz des heiligen Bischofs Augustinus – er lebte im 4. Jahrhundert –: „O Mensch, lerne tanzen, sonst wissen die Engel mit dir nichts anzufangen."

Karl Heinz Pfeiffer, in Nr. 1247

Unseres Herren Schlagfertigkeit

Ein Evangelium, das Spaß macht

Zum Lesen: Mattäus 22,15–22
Die Geschichte, die wir bei Mattäus lesen, wird von Markus und Lukas in ähnlicher Weise erzählt. Worum es damals ging, ist leicht zu verstehen. Unter einem Besatzungsregime, wie auch in einer modernen Diktatur, ist es nicht ungefährlich, Widerstand zu leisten. Auch sogenannter „passiver" Widerstand, wie er etwa derzeit in unserem freien und demokratischen Land ohne jedes persönliche Risiko propagiert und auch praktiziert werden kann, auch der ist in anderen Verhältnissen gefährlich. Die Verweigerung der Steuerzahlung an die staatlichen Instanzen gehört gemeinhin auch zu diesem sogenannten passiven Widerstand. Sie ist also beileibe keine Erfindung unserer heutigen sogenannten „alternativen" oder auch „revolutionären" Szene. So lesen wir beim jüdischen Schriftsteller Flavius Josephus von ganz ähnlichen Aktionen zur Zeit der römischen Herrschaft in Palästina:

Quirinius wurde vom römischen Kaiser nach Syrien geschickt, um dort unter anderem ein Steuersystem aufzubauen. Er kam schon bald auch nach Judäa, das mit Syrien verwaltungsmäßig verbunden war, um dort das Steuersystem einzuführen. Die Juden wollten anfangs nichts davon wissen, ließen sich aber von ihrem Hohenpriester Joazar überreden und gaben ihren Widerstand gegen die Besteuerung auf. Nur Judas aus dem Golan, aus der Stadt Gamala, stachelte zusammen mit einem gewissen Sadduk von der pharisäischen Partei das Volk auf, indem sie behaupteten, die Steuerzahlung käme einer totalen Versklavung gleich, und sie forderten die Men-

schen auf, ihre Freiheit zu verteidigen. Gott werde ihnen nur dann helfen, wenn sie aktiv würden und ihren Willen auch in die Tat umsetzten. Solche Reden wurden mit großem Beifall aufgenommen, und es kam bald zu tollkühnen Unternehmungen mit ungeheuerlichen Folgen. Ja, es gab kein Unglück, das unser Volk nicht getroffen hätte als Folge der Hetzarbeit dieser beiden. Besonders die jungen Leute waren es, die durch ihre Parolen fanatisiert wurden und unserem Staat schließlich den Untergang bereiteten (nach: Antiquitates 18.1.1).

Soweit Flavius Josephus mit seinem nüchternen Bericht über die unruhigen Verhältnisse im römischen Palästina, in der Zeit Jesu und im Lande Jesu. Dieser Bericht des Josephus wurde geschrieben, nachdem die römischen Legionen Jerusalem samt seinem Tempel in Schutt und Asche gelegt hatten, und er läßt uns jedenfalls die Brisanz der so harmlos klingenden Frage nach der Steuerpflicht erkennen: Sag uns doch, ist es deiner Meinung nach richtig oder falsch, wenn wir Juden dem römischen Imperator Steuern zahlen? Aber nicht die Frage war gefährlich, sondern die Antwort, ganz gleich, wie sie ausfiel. Ein Großteil des Volkes war damals nationalistisch aufgeputscht. Es wäre zu Tumulten gekommen, falls Jesus zu antworten gewagt hätte: Die Steuern sind rechtmäßig. Man hätte ihn einen von den Römern gekauften Agenten genannt... Hätte Jesus jedoch gesagt: Die Steuern, die Leistungen an die Besatzungsmacht, sind ein Verbrechen – dann könnten wir uns ebenso leicht vorstellen, was passiert wäre, auch wenn wir uns unsere aktuellen Vergleiche dann nicht bei uns, sondern in anderen Ländern suchen müßten.

Aber es kommt weder zu der einen noch zu der anderen Antwort. Jesus bleibt souverän. Er beschimpft seine Gegner weder mit Ausdrücken aus der Fäkalsprache ... noch handelt er „in emotionaler Erregung", wie es zum gleichen Geschehen nachher entschuldigend hieß. Er hat wohl noch nicht einmal das Wort „Heuchler" gebraucht... Bei Markus lesen wir lediglich: Er erkannte ihre Heuchelei; bei Lukas: Er durchschaute ihre List – und beides dürfte doch wohl die Situation richtig charakterisieren. Jesus bleibt souverän ... Jesus reagiert nicht emotional, aber ausgesprochen schlagfertig. Er wird die Lacher auf seiner Seite gehabt haben, auch wenn in den stets so todernsten Berichten unserer Evangelien niemals gelacht wird. Vielleicht hat auch Jesus damals gelacht. Denn nicht er war am Ende ja der Hereingelegte, sondern die so besorgt tuenden Frager ...

Wir können auch lesen, wie Jesus sie zum Schweigen brachte. Er ließ sich ein Geldstück aus ihrem Portemonnaie geben, und sie erklärten ihm auch noch bereitwillig die Vorder- und die Rückseite. Wir haben solche römischen Denare bei Ausgrabungen gefunden und wissen also, was es auf ihnen zu sehen gab. Auf der Vorderseite prangte ein Brustbild des Kaisers Tiberius. Als Zeichen seiner „göttlichen" Würde war er mit Lorbeer bekränzt. Auch die umlaufende Inschrift sollte keinen Zweifel an seiner „Göttlichkeit" lassen. Der lateinische Text lautet übersetzt: Kaiser Tiberius, des göttlichen Augustus erhabener Sohn; und im Griechischen wird es noch deutlicher: Kaiser Tiberius, des erhabenen Gottes erhabener Sohn. Für einen gläubigen Juden war das pure Gotteslästerung. Aber dennoch hatten die frommen Frager genau dieses Geld in der Tasche; dennoch machten sie mit eben diesem „gotteslästerlichen" Geld ihre Geschäfte. Man nennt das eine doppelbödige Moral, und die ist ja auch heute noch nicht nur bei Parteifunktionären, sondern auch bei besonders fromm scheinenden und engagiert tuenden Leuten gar nicht so selten. Jesus geht eigentlich noch recht sanft mit diesen Typen um. Schmunzelnd, so stelle ich es mir vor, hat er ihnen wohl gesagt: Na, dann gebt doch dem Kaiser das Geld zurück, das ihr von ihm ja doch auch angenommen habt! Aber seht zu, daß bei euch – und bei eurer Moral! – auch Gott nicht zu kurz kommt!

In unserer feierlichen Bibelübersetzungssprache liest

sich das dann so: Gebt dem Kaiser, was des Kaisers ist, und gebt Gott, was Gottes ist! – Und es ist gewiß manchem Schriftausleger auch zu wenig, womit ich mich in meiner Auslegung eigentlich begnügen möchte: daß man Jesus hereinlegen wollte; daß er aber schlagfertig und souverän den Spieß umgedreht hat und daß die, die ihn hereinlegen wollten, am Ende selbst als die Blamierten dastanden und sich schnell und möglichst unauffällig davonmachten. Was hat man aber nicht alles aus dieser Antwort Jesu herausgelesen! Zum Beispiel über den Gehorsam gegenüber der gesetzmäßigen Obrigkeit („Gebt dem Kaiser, was des Kaisers ist!"), aber auch über die Grenzen dieses Gehorsams („Gebt Gott, was Gottes ist!"), auch über das Verhältnis von Staat und Kirche, von irdischem Reich und Gottesreich, von Religion und Politik ... Ja, wenn Jesus etwas gesagt hat, dann kann er das doch nicht so leichthin dahergesagt haben; von ihm kann man doch in jedem Fall eine „grundlegende" Äußerung erwarten. Man tut dabei so, als sei Jesus kein richtiger Mensch gewesen, keiner, der auch einmal herzlich lachen konnte, wenn er fanatischen Widersachern die Suppe versalzen hatte; als sei Jesus so eine Art Kirchenfürst gewesen. Denn Kirchen*fürsten*, die nahen und die fernen, sieht man ja doch niemals von Herzen lachen, geschweige denn einen Scherz machen, wenigstens nicht in der Öffentlichkeit. Auch sie geben immer nur tiefe und grundsätzliche Erklärungen ab und halten so das Heer der Theologen in Trab, die dann auch ihrerseits diese Aussagen wieder tief auslegen und grundsätzlich interpretieren und kommentieren, so daß unser Christentum immer komplizierter zu werden scheint und der einfache Christenmensch kaum noch durchsehen kann und sich kaum noch zurechtfinden kann in dem vielstöckigen und vielräumigen Glaubensgebäude, an dem mittlerweile fast 20 Jahrhunderte gebaut haben. Allen, die hier, ebenso wie ich, ihre Probleme haben, kann ich nur raten, selbst zum Evangelium zu greifen und dort einen menschlichen Jesus zu finden, einen Jesus nicht nur für kirchliche Feiertage, sondern für unseren Alltag, einen Jesus als Weggefährten, einen Jesus, wie man heute sagen würde „zum Anfassen“ und auch einen, mit dem man einmal wie in der Geschichte vom Steuergroschen herzlich lachen kann ...

Übrigens, es gibt auch Schriftausleger, die etwa so argumentieren: Das heidnische „gotteslästerliche“ Geld und damit das Zahlen von Steuern an den heidnischen Kaiser war tatsächlich für viele fromme Juden in der Zeit Jesu eine arge Gewissensbelastung, eine Frage, die sie bedrückte und belastete und auf die sie eine Antwort suchten. Erst die Evangelisten hätten dann ... aus einer durchaus ehrlich gemeinten Gewissensfrage eine Fangfrage und eine Falle für Jesus gemacht. Ich sage nicht, daß das völlig unmöglich wäre. Denn die Evangelisten waren ja keine Berichterstatter und keine Fernsehreporter (obwohl die ja auch heute zu ihren Nachrichten meist noch ihren eigenen Senf dazutun, und das oft mehr, als es der Wahrhaftigkeit der Berichterstattung guttut). Die Evangelisten waren Prediger, und sie haben – das stellen wir immer wieder fest – die Worte Jesu „aktualisiert“, das heißt in ihre eigene Zeit hineingestellt und auf ihre eigene Zeit bezogen, wie das ja auch heute ein Prediger tun sollte ...

Ich weiß es jedenfalls zu schätzen, wenn uns in unserer schnellebigen und noch schneller vergessenden Welt die Schlagfertigkeit unseres Herrn gewisse Dinge und Geschehnisse unserer eigenen Zeit in Erinnerung ruft und damit zu unserem Heile eben nicht so schnell vergessen läßt. Ich habe freilich auch immer wieder einfach meinen Spaß an einer solchen Geschichte, und ich empfinde vor allem auch den Schluß als eine wirklich „frohe Botschaft“: Sie hörten seine Antwort und waren verblüfft; sie ließen ihn in Ruhe und zogen ab.

Alfred Schilling, in Nr. 1357

Hat Jesus wirklich gelacht?

Fromme, aber unerleuchtete Bibelausleger behaupten mit grimmig-grämlicher Miene und Mähne: „Es steht an keiner Stelle des Neuen Testamentes, daß Jesus jemals gelacht hat. Seine göttliche Sendung und sein Dienst an den Menschen bedeuten für ihn eine solch große Verantwortung, daß er sich dauernd Tag und Nacht, des Wertes und der Würde seiner Auserwählung bewußt war. Er konnte und durfte nicht oberflächlich sein, weil er aus der Tiefe Gottes lebte und handelte. So waren ihm Lachen und Späße fremd, denn Jesus hatte die Herrlichkeit Gottes zu offenbaren und zu wahren."

Wer solche Sätze mit dem nötigen Pathos und der dazugehörenden Unfehlbarkeitspose von sich gibt, kann damit rechnen, daß er bei allen frommen und humorlosen Leuten offene Ohren und Herzen findet. Doch ein paar menschlich gebliebene und gewordene Christen fragen trotz aller humorlosen Wahrheitsposaunisten: „Hat es denn wirklich keinen lachenden oder lächelnden Jesus gegeben?" Ich meine: Ja, denn beim Apostel Paulus steht dafür ein versteckter Hinweis. Im Brief an die Philipper, im zweiten Kapitel, Vers 7, schreibt Paulus: „Christus Jesus entäußerte sich selbst, wurde wie ein Sklave und den Menschen gleich. Sein Leben war das eines Menschen." Ist nicht darum Lachen, Lächeln und Fröhlichsein ein Stück geglückter Menschlichkeit, die in Jesus sichtbar und erfahrbar wurde? Nun gehört zum Urgestein der vier Evangelien folgende Erkenntnis: Jesus ging sehr häufig und offensichtlich auch sehr gern zu festlichen Mählern, was ihm von seinen genußfeindlichen und darum oft ungenießbaren Gegnern den Vorwurf eintrug: „Er ist ein Fresser und Säufer, ein Freund der Zöllner und Sünder."

Das Mahl und die damit verbundene erlebte Gemeinschaft bedeutete zu Jesu Zeiten viel mehr als unser heutiges sättigendes Essen und Trinken, das ja oft nur vorgeplanten Kalorieneinnahmen oder einer hastigen Abfütterung gleicht. Ein Mahl war zur Zeit Jesu Ausdruck einer Kommunikation, die auf Gott hin offen war. Das Mahl ist nach der Bibel das stärkste und anschaulichste Bild für die Gemeinschaft mit Gott. Beim Propheten Jesaja heißt es im 25. Kapitel, Vers 6–9: „Jahwe wird allen Völkern ein fettes Mahl bereiten auf diesem Berg, ein Mahl von abgelagerten Weinen, von markig-fetten Speisen mit geseihtem Hefenwein. Auf diesem Berg nimmt er die Hülle weg, die auf allen Völkern liegt, und die Decke, die über allen Heiden ausgebreitet ist. Er vernichtet den Tod auf immer, und der Herr Jahwe wischt ab die Tränen von jedem Angesicht und nimmt seines Volkes Schmach hinweg von der ganzen Welt. Denn Jahwe hat gesprochen. An jenem Tag wird man sagen: ‚Seht, das ist unser Gott, auf den wir hofften, daß er uns helfe, das ist Jahwe, auf den wir harrten. Laßt uns jubeln und frohlocken wegen seiner Hilfe.'"

Jesus hat öfter das von ihm angekündigte Reich Gottes mit einem Mahl verglichen. Er sagte im Blick auf das vollendete Gottesreich: „Viele werden von Osten und Westen kommen und mit Abraham, Isaak und Jakob zu Tische liegen" (Mt 8,11).

Jesus hatte für Rangordnungsstreitigkeiten ein waches und scharf beobachtendes Auge, wie es im Kapitel 14, Vers 7, beschrieben wird: „Jesus bemerkte, wie sie sich die ersten Plätze aussuchten." Dabei hat er sicher leise und sehr wissend gelächelt. Als er dann das folgende Gleichnis erzählte, lag wohl der Glanz eines verborgenen Humors über seinem Gesicht und in seinen Worten: „Wenn du von jemandem zu einem Hochzeitsmahl eingeladen bist, so setze dich nicht auf den ersten Platz. Es könnte ein Vornehmerer als du von ihm eingeladen sein. Und der, welcher dich und ihn eingeladen hat, könnte kommen und zu dir sagen: ‚Mach diesem Platz!' Dann müßtest du beschämt den letzten Platz einnehmen. Nein, wenn du eingeladen bist, geh und setze dich auf den letzten Platz, so daß, wenn der kommt, welcher dich geladen hat, er zu dir sagt: ‚Freund, rücke weiter hinauf!' Dann wird es dir zur Ehre sein vor allen deinen Tischgenossen. Denn jeder, der sich selbst erhöht, wird erniedrigt werden, und wer sich selbst erniedrigt, wird erhöht werden" (Lk 14,8–11).

Wenn die Gäste bequem zu Tische lagen, waren ihre unbeschuhten Füße nach hinten gestreckt. Von dieser Tischhaltung wird ein Text verständlich, der im Lukasevangelium im 7. Kapitel, Vers 38, steht: „Eine bekannte Sünderin stellte sich weinend hinter seine Füße und fing an, seine Füße mit Tränen zu benetzen." Jesus konnte also die Frau nicht einmal richtig anschauen, es sei denn über seine Schulter hinweg. Aber er hatte ihr reuiges Herz entdeckt und ihr das wundervoll befreiende Wort vor dem lauernden Pharisäer gesagt: „Ihre vielen Sünden sind vergeben, darum hat sie viel geliebt; wem aber wenig vergeben wird, der liebt wenig" (Lk 7,47). Kann man sich vorstellen, daß Jesus ein solch strahlendes Wort grimmig und ernst gesagt hat und nicht vielmehr zärtlich, lächelnd und herzlich?

Die Speisen und Getränke bei solchen Festmählern waren im allgemeinen Brot, Wein und Fleisch. Brot war Grundnahrungsmittel, es stand anstelle der Nahrung überhaupt. Darum betete Jesus auch im Vaterunser: „Unser tägliches Brot – gleich unsere tägliche Nahrung – gib uns heute." Bei den Festmählern wurde meistens Gersten- und Weizenbrot angeboten. Dazu gab es gebratenen Hammel, Schafs- und Ziegenfleisch und zum Trinken

Wein, der das Hauptgetränk war. Der Wein wurde mit Wasser verdünnt und oft auch gewürzt getrunken. Mancher Gastgeber würzte den Rebensaft mit Honig, so konnte er einen süßen Wein servieren. Um dem Wein einen schärferen Geschmack zu geben, streuten die Tischdiener oft eine Prise Pfeffer hinein. Gelegentlich wurde auch Wermutkraut in die steinernen Weinkrüge gelegt, so entstand bitterer Wein. Besonders pikant war für Kenner bei Gastmählern der geräucherte Wein, dessen Trauben unter Einwirkung heißen Rauches nachgereift waren. Manchmal war ein eigener Speisemeister angestellt, der die richtigen Würzmischungen des Weines zusammenstellen mußte. Daß Jesus bei Gastmählern Wein getrunken hat, dürfte selbstverständlich gewesen sein. Dabei hat er sicher gelacht und war von Herzen fröhlich, wie seine Tischgenossen, die den Wein tranken und liebten. Denn „der Wein erfreut das Herz des Menschen", so steht es schon in einem Psalm im Alten Testament. Wie sehr Jesus den Wein liebte, zeigte sein erstes Wunder auf der Hochzeit zu Kana. Dort verwandelte er Wasser in Wein, eine faszinierende Deutung seines göttlichen Auftrages: Aus dem Wasser des alten Bundes soll der Wein des neuen Bundes werden, der Gottes Freude den Menschen schenkte.

Daß Jesus bei der Hochzeit zu Kana mitgelacht, Wein getrunken und sich mitgefreut hat, ist wohl jedem klar, der das Pauluswort aus dem Philipperbrief kennt und ernst nimmt: „Sein Leben war das eines Menschen." Später hat Jesus noch eine Reihe von Weinworten als Ausdruck der von ihm gebrachten Lebensfreude und Lebensfülle angesprochen. Er sagte: „Junger Wein muß in neue Schläuche gefüllt werden; in den alten Schläuchen platzt er." Und im 15. Kapitel des Johannesevangeliums vergleicht Jesus sein Verhältnis zu seinen Jüngern mit einem Weinstock und den Rebzweigen. Er sagt: „Ich bin der wahre Weinstock, und mein Vater ist der Weingärtner.

Jede Rebe an mir, die keine Frucht bringt, entfernt er, und jede, die Frucht bringt, reinigt er, damit sie noch mehr Frucht bringe. Ihr seid schon rein durch das Wort, das ich zu euch gesprochen habe. Bleibet in mir und ich in euch. Wie die Rebe nicht von sich aus Frucht bringen kann, wenn sie nicht am Weinstock bleibt, so auch ihr nicht, wenn ihr nicht in mir bleibt. Ich bin der Weinstock, ihr die Rebzweige. Wer in mir bleibt und ich in ihm, der bringt viele Frucht. Denn ohne mich könnt ihr nichts tun" (Joh 15,1–5).

Tischgespräche gaben einem Mahl Farbe und Würze, ja es gehörte zu den höflichen Pflichten des Gastes, gleichsam als Gastgeschenk, zur Unterhaltung originelle, spannende Beiträge zu liefern. Die besten Beiträge waren gut erzählte Geschichten. Darin war Jesus ein Meister und Könner. Er gehörte sicher zu den besten Geschichtenerzählern der ganzen Antike. Viele solcher Tischerzählungen sind in das Neue Testament als Gleichnisse eingegangen.

Kann man sich einen lachenden und lächelnden Jesus vorstellen? Ich behaupte: Christen müssen es tun, sonst verfehlen sie Jesu Wort und Jesu Person als Eingang und Tür zu einer neuen Begegnung mit einem Gott, der den Menschen leidenschaftlich liebt und darum mit ihm zusammen essen und fröhlich sein will.

Karl Heinz Pfeiffer, in: Nr. 1247

Ostergelächter

„Pfaffengeschwätz"! Wenn Sie so mit mir reden würden, das wäre ein wenig peinlich, aber nicht ungewöhnlich. Wenn ich zu den Ausführungen einer Dame rundweg bemerken würde „Weibergeschwätz", das wäre dumm und unhöflich, aber es wäre biblisch.

Die Apostel haben etwa dies zu drei Frauen gesagt und zu ihrem Bericht vom auferstandenen Herrn. So hat es uns der Evangelist Lukas im 24. Kapitel überliefert. Kräftige Worte des Herrn oder der Apostel wurden meist schon von den Evangelisten aus dem Text gestrichen, wobei Lukas und Markus am wenigsten zimperlich waren und weniger harmonisierten. Sie ließen ein paar ganz harte Sachen stehen. Später haben die Kirchen dafür gesorgt, daß diese peinlichen Worte wenigstens nicht im Gottesdienst vorgetragen wurden. Aber seit einigen Jahren besitzt die katholische Kirche einen Leseplan, der uns das „ganze Evangelium" und damit auch solche „Peinlichkeiten" beschert.

„Na ja, es waren eben Fischer und einfache Leute mit einer groben Sprache." Aber hat nicht Jesus auch zuweilen so direkt und handgreiflich und unmißverständlich geredet? „Nun ja, war er nicht nur des Zimmermanns Sohn?" Als ob nur einfache Leute ungeschminkt reden würden! Da kenne ich ein paar Ärzte und hochgebildete Damen, die reden auch so frei weg und gerade heraus. Das ist gut so. Aber war das Urteil „Weibergeschwätz" wirklich so treffend? Was war denn geschehen?

Erinnerung an eine Osternacht. Der Kantor trat vor die Gemeinde: „Aus dem heiligen Evangelium des Lukas" – „Ehre sei dir, o Herr!" – „Am ersten Tag der Woche gingen die Frauen mit den wohlriechenden Salben, die sie zubereitet hatten, in aller Frühe zum Grabe. Das Grab war offen, sie sahen zwei Männer. Was sucht ihr den, der lebt, bei den Toten? sagten diese Männer zu den ratlosen Frauen." Und so liefen die Frauen zurück in die Stadt, geradewegs zu den Aposteln, berichteten ihnen, was sie erlebt hatten. Die erste Reaktion dieser Herren aber war: „Weibergeschwätz"! Irgendwie verstehe ich ja die Apostel ganz gut. Sie waren es doch, die Männer waren es doch, die ständig um Jesus herum waren und von ihm erwählt und gefördert wurden, und selbst sie, die Männer, konnten nichts gegen sein unrühmliches Ende tun. Jetzt kommen drei Frauen daher und behaupten nichts weniger, als daß er auferstanden sei, nicht mehr im Grab sei, nicht mehr im Tod, weg! „Weibergeschwätz"! Sie schoben diese Nachricht der Frauen weit von sich. Sie lassen sich so schnell nicht darauf ein.

Ähnlich machen es heute ja wohl manche Damen und Herren der „verehrten und lieben Leser und Hörer", kaum daß dieses „Geistliche Wort" begann, sie murmeln „Pfaffengeschwätz", oder wenn aus dem Bonner Parlament eine Sitzung übertragen wird, „Parteiengezänk", oder wenn junge Leute diskutieren und durcheinanderschreien: „Unreifes Gerede!" oder wenn alte Leute beisammen sitzen: „Stammtischgewäsch!" Mit Bausch und Bogen schiebt man das, was wichtig, erfreulich sein könnte, von sich, ungehört, ungelesen, unbedacht, sei es aus Bequemlichkeit, Ängstlichkeit oder Arroganz?

Wenn ich an Ostern erinnere, könnte auch der eine oder andere sagen: „Ostergeschwätz!" Jemand will sich damit vielleicht so gar nicht befreunden, daß mit Ostern etwas Erstaunliches, Unerwartetes, Befreiendes, Veränderndes begonnen hat, ausgebrochen ist, anfangen sollte?

„Weibergeschwätz“ also meinten die Apostel. Und dann – welcher etwas Erfahrene ist darüber erstaunt? – stand dieser männliche und so seiner Stärke wie Schwäche bewußte Petrus auf und lief zum Grabe. Er nahm denselben Weg wie die Frauen!

Die Alten ließen sich von den Pfarrern zu Ostern Späße und Witze von der Kanzel erzählen, worauf die durch das Fasten arg strapazierte Gemeinde in das „Ostergelächter“ ausbrach. Ich finde, daß diese biblische Geschichte von den arroganten Männern und den (angeblich) geschwätzigen Frauen ein „Ostergelächter“, ein Schmunzeln wert ist, die Botschaft von dem auferstandenen Herrn aber ein „Alleluja“.

Josef Anselm Adelmann, in: Nr. 917

„Liebe Gemeinde“

Über das Schlafen in der Kirche

Deprimierende Vision

eines bayerischen Priesters

Wo ist mein *halbes Quart?*

Wenn die Predigt zu lange dauert

Meine lieben Kirchenbänke!

Über das Schlafen in der Kirche

„Es saß aber ein Jüngling mit Namen Eutychus in einem Fenster und sank in einen tiefen Schlaf, dieweil Paulus so lang redete, und ward vom Schlaf überwogen und fiel hinunter vom dritten Söller und ward tot aufgehoben" (Apg 20,9). Diesen Bibeltext setzte ein bissiger, zungenspitzer und zungenflinker Kanzelredner vor eine Halbstundenpredigt, der er das Thema aufklebte: „Über das Schlafen in der Kirche." Der Diener des aufweckenden Wortes Gottes, das vom Schlafen zum Wachen leitet und geleitet, hieß Jonathan Swift. Er lebte von 1667–1745 und war Prediger in Dublin in Irland. Die Schlafanfälligkeit der Predigtgemeinde Jonathan Swifts war besonders groß, weil sie sonntagsnachmittags zum Empfang des Gotteswortes in die Kirche kommen mußten. Swift erwischte offensichtlich zu dieser Zeit essensmüde Kirchgänger, denen der Kirchenraum und der Kirchenstuhl zu einer nie bestandenen Einschlafversuchung wurde. Jonathan Swift ärgerte und erregte diese stumme Schlafreaktion seiner Hörer.

Heute wird während der Predigt nicht mehr so viel geschlafen wie zu Jonathan Swifts Zeiten. Die Gründe: Einen Teil des Predigtschlafes hat das Fernsehen übernommen. Fernsehschlaf ist eine verlagerte Form des Predigtschlafes. Bedauerlich ist jedoch für die Fernsehmacher nur, daß sie die durch ihre Programme in Schlaf versenkten Zuschauer weder sehen noch hören. Sie könnten sonst eine Rückkoppelung einschalten, die vielleicht die Schlafquelle wie eine Wünschelrute erspürt und freilegen würde.

Jonathan Swift war in der fatalen, doch für sein Selbstverständnis als Prediger glücklichen Lage, an dem Verhalten seiner Zuhörer die Identifikationsstärke und -schwäche mit seinen Predigten abtasten zu können. Er tat es mit der vielen Predigern eigenen Neigung zur Motivbeschauung. Swift glaubte, die inneren An- und Umtriebe seiner Predigtbesucher zu kennen: Trägheit, Bequemlichkeit, Unglaube, Kritiksucht und sündhaftes Leben. Er kam nicht auf den Gedanken, daß vielleicht Zeitpunkt und Länge, Inhalt oder Form der Predigt eine erste Ursache für das Phänomen Predigtschlaf waren. Nach dem Essen mit vollem Magen in kühlen, dunklen Kirchen sitzen zu müssen, bewirkt, daß das Blut vom Gehirn in den Magentrakt fließt und das Gehirn wegen geringerer Versorgung langsamer arbeitet, dabei wird Müdigkeit im Körper produziert. Der Zuhörer taucht langsam in seliges Dahindämmern ein. Die Predigtstimme verweht und schwingt wie eine abgestellte Glocke, leise, immer leiser nach. Schließlich verklingt sie. Ein Raum der Stille wächst, in dem der Predigtschlaf sich sanft ausbreitet.

Ein anderer – Jonathan Swift unbekannter – Grund für den Predigtschlaf ist die Langeweile im Sprach- und Sprechstil, das heißt die Predigt gleicht einem mit gleicher Geschwindigkeit rotierenden Karussell. Der Prediger sagt immer dasselbe, nur garniert er seine Rede mit wechselnden Wortetiketten. In dieser Art zu sprechen, liegt oft ein provozierender Drang für den von der Predigt Angesprochenen wegzuhören, weil dazu noch Klang, Lautstärke, Tempo und Artikulation in Ohr und Herz Klappen herunterfallen lassen, welche Predigtimmunität bewirken. Jonathan Swift hatte auch noch die außerordentliche Fähigkeit – wie viele Moralisten –, sittliche Zu- und Mißstände anderer Menschen genau zu orten, freizuschaufeln und mit allen Fasern und Nerven blankzulegen. Er gehörte als wortgewaltiger Moralprediger wohl zu den Vertretern der Gattung Mensch, deren einziges Vergnügen darin besteht, sich in das Vergnügen anderer einzumischen. Vielleicht litt auch der gallige Aufspießer menschlicher Gebrechlichkeit an Schlaflosigkeit, ein Übel, das die Härte gegen die Predigtschläfer verständlicher erscheinen läßt. Immerhin verzerrt der Mangel an Schlaf den Blick für die differenzierten Ursachen menschlichen Verhaltens und Fehlverhaltens.

Schlaflosigkeit macht nun einmal erschöpft und unkonzentriert. Auch der Apostel Paulus, dessen lange Predigt einen Tiefschlaf mit Fenstersturz auslöste, war wohl in seiner seelischen Infrastruktur wie Jonathan Swift gebaut. Paulus war ein zupackender Monologist, der wohl über wenig rhetorische Fähigkeiten verfügte, dafür aber um so eindringlicher und oft auch aufdringlicher seine Darlegungen und Appelle äußerte. Paulus war als Prediger ein typischer Einhämmerer, einer, der seine Ideologie allein für wahr hielt und jeden Hörer sogleich in eine Entscheidungssituation hineintrieb. Hier wurden dann seine Stärke und seine Schwäche sichtbar. Paulus und Jonathan Swift waren Besessene, das heißt engagiert Glaubende, für die ihr Verkündigungsauftrag zu einer ununterbrochenen Sendung geworden war. Sie konnten darum schwer zuhören und auch nicht spannend und befreiend erzählen.

Jesus verfügte über einen befreiend-entspannenden Erzählstil, vor allem wenn er das Reich Gottes in Gleichnissen anschaulich und verständlich darstellte. Paulus und Jonathan Swift fiel es wohl sehr schwer zu lachen und zu lächeln, das heißt, die anderen Menschen mit ihren Kanten und Haken, schiefen und geraden Perspektiven stehen, gehen und gelten zu lassen. Die wortmächtigen Einhämmerer meinten, sie müßten ihre Hörer dauernd ändern, belehren und in ihre eigenen Denk- und Vorstellungssysteme einbinden und einfangen. Das endete bei Paulus damit, daß der junge Eutychus sich dem paulinischen Einfangversuch durch Schlaf entzog und dabei aus dem Fenster fiel. Da sieht man: Es gibt immer wieder

Handlungen mit doppeltem Effekt. Sie demonstrieren: Der gute Wille allein, der bei Paulus sicher vorhanden war, garantiert noch keine gute Wirkung.

Solche Erkenntnisse schmälern jedoch nicht die Leistung und Qualität des Apostels Paulus und Jonathan Swifts. Beide sind engagierte Zeugen des Evangeliums gewesen und verkündeten auf ihre Art lebensnotwendige Wahrheiten. Aber es steht nun einmal auch fest: Auf die Dauer können noch so leidenschaftliche Musikliebhaber nicht immer schmetternde Trompeten hören. Ein Orchester braucht Geigen, Celli, Flöten, Klarinetten und Oboen, also eine Vielfalt von Instrumenten, welche eine abgerundete Klangfülle schaffen. Es zeugt von einem versteckten und hintersinnigen Humor, daß Lukas in seiner Apostelgeschichte den Predigtunfall des Paulus samt Heilung schildert. Dabei bleibt es sicher offen, ob der junge Eutychus wirklich tot oder nur ohnmächtig war. Der erste Grund für seine Bewußtlosigkeit war die verbrauchte Luft, die wohl von den blakenden Öllampen verseucht worden war. Lukas kennt Paulus so gut, daß er seine Schwächen und Stärken darstellen kann. Paulus war kein einfacher Mensch, hochsensibel, seelisch sehr kompliziert, voll unbewältigter Spannungen, willensmächtig und oft hart und schroff im Umgang mit seinen engsten Freunden, dazu liebenswürdig und liebebedürftig. Lukas liebte Paulus und stand zu ihm trotz dieser Riffe und Klippen in der Landschaft seiner Seele.

Die Geschichte des Lukas in der Apostelgeschichte ist eine zärtliche Sympathieerklärung für den Apostel Paulus. Lukas schildert ja in seinem Evangelium Jesus als Freund der Verlorenen, Mühseligen und Beladenen, wozu auch Paulus gehörte. Bei diesem Jesus dürfen darum auch die Predigtschläfer noch auf Verständnis hoffen und sich gelegentlich auch von ihm wecken lassen.

Karl Heinz Pfeiffer, in: Nr. 1247

Deprimierende Vision eines bayerischen Priesters

In Osterhofen im Bayernland lebte ein armer, ziemlich ungelehrter Priester, der mit seinem geistlichen Wirken bei seinen Schäflein wenig ausrichten konnte. Eines Tages, als er darüber wieder einmal besonders bekümmert war, hielt er folgende merkwürdige Predigt: „Liebe Kinder Christi! Ich soll Euch das Wort Gottes verkündigen, aber Ihr seid schändliche, böse Bauern. Ihr wollt nicht beten und nicht fasten, nicht opfern und nichts geben um Gottes willen. Nun hört, was mir heute Nacht widerfahren ist. Es war mir, als ob ich gestorben wäre. Meine Seele fuhr auf von meinem Mund hinauf zu dem allmächtigen, ewigen Gott. Da sprach Gott zu mir: ‚Seid mir willkommen, Herr Hans!' Ich zog mein Barettlein ab und sprach: ‚Gnade, Herr.' Alsdann sagte der allmächtige, ewige Gott: ‚Aber, mein lieber Herr Hans, wo habt Ihr Eure Schäflein, die Ihr geweidet habt auf der Erde drunten? Wo sind Eure Leute?' Meiner Treu, da stand ich vor dem Allmächtigen, als hätte mich der Blitz getroffen, denn ich sah wohl, daß mir der Teufel alle meine Schäflein hinterrücks weggeholt hatte." Dann machte der Priester eine kleine Pause und fuhr fort: „Meine Lieben, ich glaube, das war ein Wahrtraum. Wenn Ihr, meine lieben Andächtigen, es unbedingt so haben wollt, dann soll der Teufel in Zukunft Euer Seelsorger und Pfarrer sein!"

Voller Zorn stieg er darauf von seiner Kanzel, verließ seine unergiebige Pfründe und zog nach Vilshofen. Dort ist er noch heute.

Nach Jacob Frey, „Die Gartengesellschaft", 1557, in: Nr. 1591

Wo ist mein *halbes Quart?*

Kuriositäten aus Predigten

1. Ein Pfarrer hatte es sich angewöhnt, jedesmal mit dem Glockenschlag der Uhr, die in der Kirche hing, seine Predigt zu schließen, selbst wenn es nicht in den Zusammenhang paßte, und seine häufig gebrauchte Schlußformel war: „Dazu verhilf uns, lieber Herr Gott, Amen." Als er einst in seiner Predigt einen bekannten Verbrecher erwähnte und ausführlich dessen Verhalten schilderte, rief er pathetisch aus: „Was aber war sein Lohn? Der Galgen!" Eben ertönte die Uhrglocke. Sogleich faltete der Prediger die Hände und schloß in erbaulichem Ton: „Dazu verhilf uns, lieber Herr Gott, Amen, Amen."

2. Ein Kapuziner gab in seiner Predigt folgende Verse zum besten:

> Ja, glaubt mir, meine lieben Brüder,
> Ein leerer Traum ist unsers Lebens Lauf,
> Gesund und frisch legt ihr euch abends nieder,
> Und mausetot steht ihr am Morgen auf!

3. Ein anderer Prediger hatte sich gegen das Laster der Trunkenheit sehr ereifert und ließ zum Schluß seiner Predigt seiner hellen Empörung freien Lauf: „Es ist eine Schande, daß der Wein, jene köstliche Gabe Gottes, so ruchlos mißbraucht wird, statt daß er zur Stärkung des Körpers und zur Aufheiterung des Geistes verwendet würde. Ja, meine Zuhörer, nach einer genauen Berechnung des Weinquantums, das jährlich auf dem Erdboden

wächst, würde jeder Mensch täglich ein halbes Quart davon trinken können; aber viele Millionen Menschen müssen auf ihn völlig verzichten, weil sich so viele Schlemmer und Trunkenbolde an ihm sinnlos berauschen." Dann senkte er seine Stimme und sagte wie für sich: „Ich möchte nur wissen, wer der Schelm ist, der *mir* täglich mein halbes Quart wegsäuft."

4. Dr. Bardt blieb bei seinem ersten Kanzelauftritt in Leipzig in seiner Predigt stecken. Ein schweres Gewitter brach aus, und mitten in seinem Vortrag krachte ein fürchterlicher Donnerschlag. Da verließ ihn plötzlich sein Gedächtnis, aber nicht seine Geistesgegenwart. Gelassen und voll amtlicher Würde schlug er die Bibel zu und verließ die Kanzel mit den Worten: „Wenn Gott vom Himmel spricht, da geziemt es dem Menschen zu schweigen."

Aus: Nr. 1591

Wenn die Predigt zu lange dauert

Der Pastor predigte in seiner Dorfkirche. Es war Allerheiligen, und da dauerte die Predigt gewöhnlich etwas lange; denn der Pastor nahm sich alle Heiligen, die ihm besonders am Herzen lagen, der Reihe nach vor. Die Glocke hatte schon zwölf geschlagen, und er war erst bei seinem liebsten Heiligen, dem heiligen Josef, angelangt.

Die Bauern fingen schon an, zu husten und von einem Fuß auf den anderen zu treten. Es war schon kalt um diese Jahreszeit, und gegen 12 Uhr nehmen sie gewöhnlich ein Schnäpschen oder auch zwei zu sich, um sich zu wärmen.

Der Pastor geriet in Eifer und rief: „Meine andächtigen Zuhörer, wer kennt und liebt ihn nicht, den heiligen Josef, den frommen Gottesmann, der ausersehen war, der leibliche Beschützer unseres Herrn und Heilandes zu sein! Wohin soll ich ihn setzen, diesen gewaltigen Heiligen? Soll ich ihn setzen neben den heiligen Paulus, den gewaltigen Prediger? – Nein, höher! – Soll ich ihn setzen neben Petrus, von dem geschrieben steht: ‚Du bist Petrus, der Fels'? – Nein, höher! – Soll ich ihn setzen neben den heiligen Apostel Johannes, den Jünger der Liebe? – Nein, auch dahin gehört er nicht. – Wohin also, meine lieben Christen, wohin soll ich ihn setzen?"

Da stand ein Bauer auf, griff zu seiner Mütze und sagte: „Herr Pastor, lassen Sie den heiligen Josef sich nur auf meinen Platz setzen, der ist noch warm. Ich gehe jetzt nach Hause."

Aus: Nr. 1135

Meine lieben Kirchenbänke!

Der Sonntag ist gekommen, und damit der Tag, der euch am meisten Arbeit bringt. Während draußen im Dorf oder in der Stadt alles vom Feiertag spricht, vom Erholen und Ausschlafen, vom Entspannen und Ausruhen, seid ihr besonderen Belastungen ausgesetzt. Der Sonntag ist für euch ein harter Arbeitstag, denn all jene Menschen, die sonntags zum Gottesdienst gehen, wollen euch benützen, sei es zum Knien, zum Sitzen oder zum Stehen.

Man könnte vielleicht meinen, weil dies schon seit langer Zeit so üblich sei, gäbe es für euch keine Veränderungen oder auffällige Umstellungen. Doch wer euch besser kennt als der eilige Besucher, der nur kurz hineinschaut, weiß, daß auch an euch die Sonntage nicht spurlos vorübergehen. In den letzten Jahren hat es sogar manche Erleichterung gegeben: Eure Arbeitszeit ist spürbar zurückgegangen, denn viele Andachten, die früher auch nachmittags oder abends euren Dienst erforderten, gibt es nicht mehr. Auch morgens ist die Zahl eurer Benutzer langsam, aber sicher weniger geworden.

Doch neben diesen Arbeitserleichterungen habt ihr einige Unruhe und Aufregungen erdulden müssen. Manche unter euch haben einen gehörigen Schrecken bekommen, als sie sahen, wie ihre Verwandten, aus demselben Holz geschnitzt, entweder ganz abgeschoben wurden – wie die Kommunionbänke – oder zumindest in ihrer Anzahl drastisch reduziert wurden – wie die Beichtstühle. Einige ganz Ängstliche haben sogar befürchtet, auch für sie sei nun die Stunde des Abschieds gekommen, weil sie beim Gottesdienst unnütz herumstehen oder stören. Und jene von euch, die mit der seltenen Gabe des Humors gesegnet sind, wollten in theologischen Zeitschriften Aufsätze veröffentlichen mit Titeln wie: „Kirchenbank – ein Beruf ohne Zukunft?“ oder: „Die Rollenunsicherheit der nachkonziliaren Kirchenbänke“. Die Nachdenklichen unter euch wiederum haben sich gefragt: „Wer oder was hat denn wohl einen Teil unserer Aufgaben übernommen? Wer sorgt jetzt dafür, daß all das an Gebet, Gottesdienst und Hören auf das Wort Gottes geschieht, wozu wir normalerweise bescheiden und hilfsbereit als Unterlage gedient haben?“

Und diese Nachdenklichen, meine lieben Bänke, haben recht: Wozu ihr Bänke uns einladet und auffordert, ist notwendig, solange Christen ihren Glauben ernst nehmen. Darum hört auf, euch Sorgen um eure Existenzberechtigung zu machen! Sprecht untereinander nicht so viel von der Krise eures Selbstverständnisses und den Schwierigkeiten, euch selbst zu verwirklichen! Denkt vielmehr daran, daß jene Aufgaben, die ihr in der Kirche erfüllt, haargenau dem entsprechen, was eure Benutzer sinnvollerweise tun sollen, wenn sie die Kirche verlassen haben!

Denn wer Christ werden, sein und bleiben will, muß vor allem drei Dinge beherzigen und geduldig einüben, wobei ihr eine große Hilfe seid. Der Christ muß knien, das heißt, er muß Gott um Kraft und Ausdauer seines Glaubens bitten. Außerdem muß er sitzen, das heißt, er muß sich Gedanken machen über seinen Glauben, muß Zweifel und Bedenken ehrlich durchkämpfen und daran innerlich wachsen und reifen. Und schließlich muß er stehen, das heißt, er muß seinen Glauben bekennen, mit seiner Hoffnung in die Welt hinausgehen und so Christus und seine Botschaft anderen Menschen nahebringen.

Und nun, meine lieben Kirchenbänke, seid ihr dran!

Die Kniebänke unter euch sollen uns merken lassen, daß ohne Gebet alles Diskutieren und Nachdenken und aller Einsatz in der Welt keine dauerhaften Früchte bringen. Die Sitzbänke dagegen sollen verhindern, daß Beten und Zeugnisgeben ohne das nötige Nachdenken geschehen. Und der Fußboden, auf dem ihr uns eine feste Unterlage gebt, soll daran erinnern, daß Beten und Nachdenken sich fortsetzen müssen im aufrechten Einsatz und Dienst an anderen Menschen.

Das Entscheidende, liebe Bänke, ist also eure Gemeinsamkeit, eure Zusammengehörigkeit. Weil ihr euren Benutzern drei Möglichkeiten anbietet, eben Sitzen, Knien und Stehen, zwingt ihr sie zur Gewissenserforschung und nicht selten auch zur Umkehr. Manche nämlich wollen nur knien; denen müßt ihr klarmachen: Auch kritische Auseinandersetzungen mit Glaubensfragen und unverdrossenes Handeln gehören zum Christsein. Andere hingegen möchten lieber nur sitzen; denen müßt ihr zeigen: Ohne Beten und glaubwürdiges Zeugnis ist man nur ein verkümmerter Christ. Und schließlich gibt es noch welche, die gar nicht schnell genug zum Aufstehen kommen können; die müssen von euch lernen, daß Beten und Nachdenken die Grundlage für alles Engagement bilden.

Wer so von euch lernt, meine lieben Bänke, ist schneller bei einer ernsthaften Prüfung seines Christseins, als ihm vielleicht lieb ist. Darum möchte ich euch bitten: Tut auch weiterhin eure Pflicht, denn ihr seid uns allen eine große Hilfe. Ihr Bänke sorgt nämlich dafür, daß die Christen auch weiterhin nachhaltig daran erinnert werden, sich um alle drei Notwendigkeiten zu mühen: um das Knien, um das Sitzen und um das Stehen, also um das Beten, um das redliche Nachdenken und um das Handeln.

Klaus Hollmann, in: Nr. 1300

Humor
hinter Klostermauern

Der tanzende Gauklermönch

Man muß die Menschen schön finden

Klostereintritt mit Hindernissen

Fröhlichkeit und Frömmigkeit

Der tanzende Gauklermönch

Es war einmal ein Gaukler, der von Ort zu Ort zog – tanzend, singend, und so seine Späße machte auf den Dorfangern und in den Markthallen der Städte. Eines Tages hatte er es satt, die Menschen zu belustigen ... Und so begab er sich in ein Kloster. Dort wollte er den Rest seines Lebens verbringen – schweigend und betend.

Doch wie er die anderen Mönche sah, die des Schweigens und des Betens kundigen, da kam er sich bald leer und ausgehöhlt vor. Und als er es nicht mehr aushielt, zog er sich, während die Ordensgemeinde beim Chorgebet war, in eine kleine Waldkapelle zurück. Dort streifte er die Kutte ab und fing an zu tanzen – so wie er es früher, als er noch von Dorf zu Dorf zog, gewohnt war. Er tanzte die kühnsten Tänze – und er tanzte sie zur Ehre Gottes.

Einer der Mönche war ihm heimlich gefolgt, hatte ihn durchs Kapellenfenster beobachtet ... Der Abt ließ den Gauklermönch zu sich kommen. Da erschrak dieser, fiel auf die Knie und sagte: „Vater Abt, ich bin unwürdig. Ich will wieder hinaus in die Welt. Tanzen und lustig sein war meine Aufgabe ..."

Jetzt unterbrach ihn der Abt, neigte sich zu ihm nieder und küßte ihn; dann sagte er zum Gaukler: „In deinem Tanz, lieber Mitbruder, hast du Gott mit Leib und Seele geehrt. Du bist würdiger als alle anderen Mönche!"

Und der Gaukler durfte künftig vor allen Brüdern tanzen und tanzend Gott lobpreisen.

Adalbert Ludwig Balling, in: Dank für alles Gute.

Man muß die Menschen schön finden

Auf einem winzigen Kalenderblatt fand ich „Regeln" für Schwesternkonvente. Ich konnte leider nicht herausfinden, von wem sie stammen. Aber sie treffen ins Schwarze. Nicht nur für die Nonnenklöster. Ich meine, sie gelten für jede menschliche Gemeinschaft:

1. Seid miteinander, und miteinander vor Gott.
2. Nehmt nichts wichtiger als das Evangelium.
3. Wachst als Betende und Liebende.
4. Jede (Schwester) sei sie selbst – und ermögliche dies auch den andern.
5. Nehmt Selbstverständlichkeiten nicht selbstverständlich hin; knausert nicht mit Anerkennung.
6. Feiert eure Feste mit einfachen Mahlzeiten und reichen Einfällen.
7. Was ihr nicht ändern könnt – tragt es mit Humor!

Goldene Regeln für das Zusammenleben von Menschen? Ja, in der Tat, handfeste, altbewährte Tips fürs gemeinsame Leben.

Um mit anderen Menschen auszukommen, muß man vor allem eins wissen: Ohne Rücksichtnahme, ohne Kompromisse geht es nicht. Ferner: Es braucht eine gewisse Neugierde und ein bestimmtes Maß an Staunenkönnen. Man muß diese Erde schön finden und ebenso die Menschen, die auf ihr wohnen. Man muß sich als Großfamilie verstehen, als Nachbarn, die sich mögen, „die einander ein Zeichen geben" (Rainer Kunze), um zu wissen, wer zu wem gehört. Die einander helfen, im richtigen Augenblick. Die wechselweise Gedanken austauschen. Die miteinander lachen und Feste feiern. Die einander Einblicke gewähren in die inneren Zusammenhänge der Dinge. Die staunen, und immer wieder staunen über die Wunder dieser Welt ...

Um dies zu können, um fähig zu sein, mit anderen zusammenzuleben in halbwegs menschlicher Harmonie, muß man sich selbst mögen. „Hast du dich selbst lieb", schreibt Meister Eckehart, „so hast du alle Menschen lieb wie dich selbst. Solange du einen einzigen Menschen weniger liebhast als dich selbst, so hast du dich selbst nie wahrhaft liebgewonnen; wenn du nicht alle Menschen so liebst wie dich selbst, in einem Menschen alle Menschen – und dieser Mensch ist Gott und Mensch. So steht es recht mit einem solchen Menschen, der sich selbst liebhat und alle Menschen so lieb wie sich selbst, und mit dem ist es gar recht bestellt!"

Adalbert Ludwig Balling, in: Nr. 1159

Klostereintritt mit Hindernissen

Mein Eintritt ins Kloster war eine Komödie, aus der beinahe eine Tragödie geworden wäre. Ich schreibe das deshalb gleich an den Anfang, weil ich jungen Menschen, die vielleicht vor dem Wagnis, sich Gott im Ordensstand zu weihen, zurückschrecken, helfen möchte. Sicher ist es nach wie vor ein Wagnis, sich ganz auf die Gnade Gottes einzulassen und bei allen Widerwärtigkeiten unbeirrt den Weg weiterzugehen. Aber mein Leben ist ein „Beweis" mehr, daß Gott sich von seinen Geschöpfen an Großmut nicht übertreffen läßt; er ist allemal der Großzügigere und Freigebigere ...

Ich machte Abschiedsbesuche bei meinen Verwandten, zuletzt beim Großvater. Am Abend vor meiner Abreise fragte er mich, was für ein Kleid ich morgen anziehen wolle. Meine prompte Antwort: „Natürlich ein weißes! Ich bin doch eine Braut Christi, und die trägt Weiß, ganz klar!" – Großvater schmunzelte, sagte dann aber, wieder ernst: „Kind, du solltest dein schwarzes Kleid anziehen, damit die Schwestern bei deiner Ankunft mitbekommen, daß du der Welt abgestorben bist. Deine Tanten sind auch in schwarzen Kleidern ins Kloster gefahren ..." – Ich entgegnete: „Aber Großvater, mein schwarzes Kleid ist im Koffer, und den habe ich doch schon vorausgeschickt. Ich werde halt, dort angekommen, gleich nach meinem Koffer fragen und mich dann umziehen ..." – Ja, so naiv war ich anno dazumal! – Großvater schüttelte wieder mißbilligend den Kopf: „Hast du nicht sonst noch ein dunkles

Kleid?" – Ich gab ihm zu verstehen, außer meinem Abendkleid hätte ich keines. Da bat er mich, dieses mal anzuziehen ... „Besser als ein weißes", murmelte er.

Ich war dem Verzweifeln nahe. Was sollte ich bloß tun? Schließlich sagte ich mir: Du trägst das Abendkleid, schürzt es hoch und ziehst einen langen Mantel drüber. Dann sieht man gar nicht, daß es ein langes Abendkleid ist ...

So machte ich es denn auch am nächsten Morgen. Ich befestigte den Saum des Kleides am Gürtel und zog meinen Mantel drüber, der dunkelbau, am Kragen und an den Stulpen weiß abgesetzt war; dazu silberne Knöpfe. Mein Hut paßte dazu, auch er war blau mit weißer Krempe. Dazu trug ich schwarze Seidenstrümpfe, die ich früher bei Beerdigungen anhatte. Meine hellen Schuhe ließ ich zuvor schon schwarz färben. Die Messingschnallen hielten leider die Farbe nicht, was mir später von seiten der Novizenmeisterin die Bemerkung einbrachte: „Da kommt ja unsere Frau Bischof!"

Meine Laute klemmte ich unter den Arm; so zog ich dann los. Eine Tante begleitete mich; die letzten zwei Stunden marschierten wir zu Fuß. Unterwegs trafen wir einen Bekannten meiner Tante; als er hörte, ich wolle ins Kloster eintreten, lachte er lauthals: „Die da? Die bleibt im Leben nicht im Kloster!"

Kurz vor unserer Ankunft im Mutterhaus der Schwestern beschlossen wir, uns in einem Café zu stärken. Ich aß eine Portion Torte, weil ich überzeugt war, nie mehr so etwas zu essen zu bekommen. Die Bedienung war sehr freundlich und bat mich, den anderen Gästen etwas vorzuspielen. Man hielt uns offensichtlich für ein Künstlerpaar. Meine Tante klärte das Mißverständnis auf – und wir lachten alle aus vollem Herzen.

Als wir dann vor dem Mutterhaus standen, hatte ich einen gewaltigen Bammel; ich bat meine Tante, die Glocke zu läuten und vorauszugehen. Wir wurden freundlich begrüßt und gebeten, etwas zu warten; die Novizenmeisterin sei noch in der Segensandacht in der Kapelle. Ob wir nicht auch daran teilnehmen wollten? Dort sah ich dann viele Schwestern, und in den hinteren Bankreihen auch ältere Damen, denn dem Kloster war ein Damenstift angeschlossen. Ferner waren da Hausangestellte und eine Gruppe junger Frauen, die – wie ich – ins Kloster eintreten wollte. Sie waren klüger als ich; denn sie hatten bereits dunkle Kleider an. (O Großvater, wie recht du hattest!) Nach der Andacht holte uns die Novizenmeisterin ab und rief uns einzeln in ihr Zimmer. Hier erhielt jede Lüsterschürze, Pelerine und weißes Häubchen. Ich wurde als letzte gerufen. Und jetzt – erst wehrte ich mich – mußte ich mein Abendkleid „vorführen". Die Novizenmeisterin hob die Augenbrauen und sagte mit spitzem Mund: „Ein wunderschönes Kleid!" Ich hörte den Spott aus ihrer Stimme. Meinen Einwand, ich hätte mein schwarzes Kleid im Koffer vorausgeschickt und wünschte, ihn jetzt holen zu dürfen, überhörte sie geflissentlich. Wahrscheinlich um meine Demut gleich auf die Probe zu stellen, zog sie mir über meine Abendrobe eine schwarze Lüsterschürze – dazu Pelerinchen und weiße Haube. Ich sah aus wie ein Fastnachtsjeck! Dann aber merkte sie, die Novizenmeisterin, daß dies äußerst lächerlich wirkte, und sie führte mich eine Treppe höher in ein Nähzimmer, wo an die zehn Novizinnen bei der Arbeit waren. Die prusteten vergnügt vor sich hin, als sie mich sahen. Aber der strenge Blick der Novizenmeisterin genügte, um wieder Ruhe einkehren zu lassen. Heimlich kicherten sie natürlich weiter. Ich selber war dem Weinen nahe. Dann aber kam Trotz in mir auf: Denen werde ich es schon zeigen, wer ich bin! – Ich erhielt jetzt ein schwarzes Kleid und wurde zu den übrigen Neuen entlassen ...

Nach dem sogenannten „kanonischen" Noviziatsjahr wurden wir für zehn Monate auf Filialen geschickt, um praktische Arbeit kennenzulernen. Mich versetzte man auf die kleinste und ärmste Niederlassung der Gemeinschaft. Der dortige Konvent bestand nur aus drei Schwestern ...

Schon am nächsten Tag wurde ich in der Küche und im Kindergarten eingesetzt – und ich konnte weder richtig kochen noch mit Kindern umgehen! Nun, das Essen habe ich leidlich hingekriegt; schwerer war's im Kindergarten. Die Kinder hatten es sehr schnell heraus, daß ich keine Erfahrung hatte. Sie tobten wild herum. Es war ein einziges Tohuwabohu. Schließlich begann ich, um sie zu beruhigen, ihnen Märchen zu erzählen. Wahrscheinlich hatten sie noch nie zuvor Märchen gehört. Denn kaum hatte ich die Geschichte von der Gold- und Pechmarie erzählt, da stemmte eine Kleine ihre Arme nach Marktfrauenart in die Seite und sagte im Dialekt: „Was die Schwester aber arg lügen tut!" – Daraufhin lachten alle, und ein Junge kommentierte dann, mir zugewandt: „Schwester, du kannscht nitt emol richtig schwätze!" Das stimmte; ich sprach Hochdeutsch.

Am nächsten Tag mußte ich den Schweinestall ausmisten. Das fiel mir leichter, als Kindergärtnerin spielen. Den jungen Schweinchen kratzte ich mit einer Waschbürste die Läuse vom Leib. Das schien ihnen zu behagen, denn sobald sie künftig meine Stimme hörten, legten sie sich auf den Rücken, streckten die Beinchen in die Höhe – ganz als wollten sie sagen: „Komm schon, Schwester, kraule uns bitte; das ist ja so wunderschön!"

Ehe ich nach zehn Monaten ins Mutterhaus zurückkehrte, sagten die Schwestern auf der Filiale zu mir: „Bitte, kommen Sie doch wieder; wir brauchen Sie!" – Ich durfte später tatsächlich dorthin zurück und arbeitete dort viele Jahre lang. Ich danke Gott ganz besonders für diese Zeit in diesem Haus, denn da habe ich „fröhliche Armut" kennen- und lieben gelernt.

Aus: Nr. 1581

Nach dem Krieg waren zwei Nonnen aus dem Badischen für ein paar Tage in der Schweiz. Lebensmittel, vor allem Kaffee und Schokolade, waren in Deutschland noch rationiert. So deckten sich die beiden in der Schweiz heimlich mit Schokolade ein und versteckten die Tafeln unter ihren weiten Kutten, direkt unter den Achselhöhlen.

An der Grenze fragte der deutsche Zollbeamte: „Nun, ehrwürdige Schwestern, was haben Sie denn in der Schweiz gekauft? Wo haben'S denn den Kaffee und die Schokolade?“ Die Dickere der beiden antwortete, dabei dem Zöllner brav und züchtig in die Augen guckend: „Herr Oberinspektor, die haben wir alle *unter den Armen* verteilt!“

Im Gedränge vor der englischen Zollabfertigung wurde einem Priester sein Brevier gestohlen. Ein englischer Amtsbruder entschuldigte sein Land wegen dieser ungastlichen Handlung.

Der Pater jedoch beruhigte ihn mit den Worten: „Lassen Sie mir doch diese schöne Erinnerung, Bruder. Gott segne das Land, in dem heute noch Gebetbücher gestohlen werden!“

Eine Klosteroberin in Italien hatte das Recht, den Ring und das Kreuz zu tragen. Die Schwestern küßten mit Ehrfurcht diesen Ring. Nur der Klostergeistliche wollte nichts davon wissen. Die Oberin tat daher alles, um den Spiritual auch dahin zu bringen, daß er den Ring küßte, aber ohne Erfolg. Da versuchte die Oberin durch eine römische Verfügung ihren Wunsch durchzusetzen. Sie machte deshalb eine Eingabe an die Religiosenkongregation in Rom: Sie habe, alter Tradition entsprechend, das Recht, Ring und Kreuz tragen, und die Schwestern küssen auch – ut decet – mit großer Ehrfurcht diesen Ring. Nur der Klostergeistliche weigere sich und untergrabe so ihre Autorität und die Disziplin des Klosters.

Nach kurzer Zeit kam die Antwort der Kongregation: „Der Geistliche braucht der Oberin den Ring nicht zu küssen, aber er muß vor ihr eine Verbeugung machen wie vor einer alten Reliquie."

Papst Johannes besuchte in Rom das Krankenhaus zum „Heiligen Geist", das von Nonnen geleitet wird. Die Oberin kam, ob dieser Ehre ergriffen, herbeigeeilt und stellte sich vor: „Heiliger Vater, ich bin die Oberin vom ‚Heiligen Geist'."

„Haben Sie aber ein Glück – ich bin nur der Stellvertreter von Jesus Christus", gab der Papst zurück.

Ein Jesuit brüstet sich vor einem Dominikaner, um wieviel besser als alle anderen Ordensmänner die Jesuiten in der Kunst der Kanzelrede seien. Der Dominikaner will nicht zurückstehen und behauptet, er könne zu jedem Thema sofort eine Predigt vom Stapel lassen. Der Jesuit nimmt ihn beim Wort. Anderntags muß der Dominikaner vor versammeltem Jesuitenkollegium auf die Kanzel steigen. Oben findet er ein verschlossenes Kuvert, in dem sich ein Zettel mit dem gestellten Thema befindet. Das Thema lautet: Die Gedanken des Jesuskindes in der Krippe.

Der Dominikaner beginnt: „Als das Jesuskind so in der Krippe lag, da erblickte es den heiligen Josef und die Mutter Maria. Da sah es einen Ochsen und einen Esel und rundherum noch viele, viele Schafe. Und da dachte es: Dies ist also die ganze Gesellschaft Jesu!"

„Mit irdisch-himmlischen Grüßen“

Ich wünsch dir alles Gute

Gebet

Wer möchte schon gerne Schaf sein

Ein Kind schreibt an den Papst

Brief des Engels Humoriel an Narren, Büttenredner und Karnevalisten

Kleines Paradies mit Hund

Ich wünsch dir alles Gute

Eine Zeitlang hatten wir einen Briefträger, der jeden Morgen wie ein Wirbelwind in unser Pfarrbüro hereingerauscht kam und uns die Post in die Hand drückte: strahlend selbst bei miesem Wetter, nie um ein Wort verlegen, sehr zuverlässig und vor allem stets in der Lage, Heiterkeit um sich zu verbreiten. Eines Tages, als ich vor Arbeit ohnehin nicht ein noch aus wußte, brachte er einen besonders dicken Stapel Briefe. Ich muß grimmig dreingeschaut haben und brummte etwas wie: „O Himmel, das ist ja schrecklich ..." Er lachte übers ganze Gesicht, drehte sich im Hinausgehen kurz um und meinte im schönsten Rheinisch: „Wär' et dä Kirch' denn lieber, wenn ihr kein Post mehr kricht (= bekommt)?" Einen Augenblick war ich sprachlos, ich schaute meine Sekretärin an, und wir mußten beide lachen. Der Tag war gerettet. Er hatte ja recht: wir wollen ja gar nicht in Ruhe gelassen werden!

Es ist eine alte Erfahrung: Fröhlichkeit ist ansteckend, und vor allem ist sie imstande, das Eis des Mißmutes zu brechen. Wer je im Krankenhaus gelegen hat, weiß, daß eine fröhlich singende Putzfrau oft mehr für den Kranken tut als ein finster dreinblickender Doktor oder eine knurrige Schwester. Und es gilt auch: daß der Humor eines Arztes oft mehr vermag als seine Pillen.

Bei den zahlreichen Sitzungen und Konferenzen, an denen unsere Zeit so besonders reich geworden ist, erleben wir es immer wieder: je verbissener Standpunkte verteidigt werden, desto mehr gerät man in die Sackgasse aussichtslosen Debattierens. Dann endlich heitert ein unverdrossener Optimist die düstere Atmosphäre auf ... und dann geht es weiter.

Ich glaube, daß unser Christentum fröhlicher Menschen bedarf, um anziehend zu sein. Halten Sie mir ruhig vor, es sei halt die Theologie des Rheinländers, die so etwas sagen kann. Über 50mal kommt das Wort „fröhlich" in unserer Bibel vor, etwa 70mal das Wort „Freude", etwa 60mal das Tätigkeitswort „freuen". Und der Apostel Paulus in seinem Brief an die Römer sagt ausdrücklich: „Wer Barmherzigkeit übt, sei dabei fröhlich." Und meines Wissens war Paulus kein Rheinländer ...

Immer wieder sind unser Wille und unsere Fähigkeit, fröhliche Christen zu sein, auf die Probe gestellt. Wenn zum Beispiel Ihre Weihnachtsaktionen nur Last für Sie sind, wenn Sie stöhnen, daß Sie schreiben „müssen" und schenken, dann lassen Sie's doch! Vielleicht wäre es besser, einmal aus dem Advents- und Weihnachtsstreß auszubrechen und etwas anderes zu tun, was *Ihnen Freude* macht. Sie könnten den Empfängern ihrer Pakete oder Weihnachtskarten im Laufe des kommenden Jahres einen Gruß zukommen und sie wissen lassen, daß sie an alle gedacht haben, aber diesmal die Weihnachtszeit gebraucht hätten, um selber etwas zur Ruhe und endlich einmal wieder zur Besinnung zu kommen.

Die „fröhliche Weihnacht", von der auf vielen Karten die Rede ist, hätten dann Sie, und die Empfänger Ihrer Wohltaten würden im Februar, April oder Oktober etwas von dem „glücklichen Neuen Jahr" erfahren, das ebenfalls auf mancherlei kombinierten Karten gewünscht wird.

Sie können's, wie ich auch, anders machen: Einen fröhlichen Geber hat Gott lieb, heißt es in der Bibel.

Und das nicht nur zur Weihnachtszeit.

Hans Dieter Schelauske, in: Nr. 1554

Gebet

Gott, ich leg' den Hörer auf und lache.
Nein, ich lache nicht den Kollegen aus,
ich find' es nur komisch,
einfach lustig, herrlich:
Was hast du für wonnige Mitarbeiter!
Wir sind alle verrückt – ohne Zweifel.
Aber jeder für sich –
ganz lieb.
Bitte, Herr,
bastle uns so zusammen,
daß dein Mosaik
einen Sinn gibt.

Ulrich Bach, in: Nr. 1292

Wer möchte schon gerne Schaf sein

Mein lieber Hirte,
ich bin eines von den vielen Schafen aus Deiner Herde, ein ganz unbedeutendes, sozusagen das kleine Schaf auf der Wiese. Aber schon lange wollte ich Dir einmal meine Sorgen von der Seele schreiben. Ich denke nämlich, Hirten sollten gelegentlich erfahren, wie es ihren Schafen geht, wie sie sich als Schaf vorkommen, und sogar wie sie sich ihren Hirten vorstellen. Ich habe zwar hin und wieder versucht, lauter als die anderen zu meckern, aber Du hast es wohl im Geblöke der ganzen Herde überhört. Nun schreibe ich Dir also. Damit Du mich hinterher, so hoffe ich, besser verstehen kannst.

Der richtige Hirt, so hörte ich einmal, kennt seine Schafe. Aber sind wir dafür nicht einfach zu viele? Da ist es vielleicht einfacher, uns immer als Herde anzusprechen. Und doch würde es sich lohnen, sich auch einmal mit anderen zu befassen als denen, die sich ständig an Dich drängen und Dir aus der Hand fressen, statt sich die Mühe zu machen, selbst das Gras zu rupfen.

Gerade unter denen, die nicht nur lammfromm sind, gibt es viele, die gerne das sind, was sie sind – sogar mit Leidenschaft. Und das ist schon bemerkenswert, denn: Wer möchte heute schon gerne Schaf sein! Muß man sich doch oft genug verhöhnen oder beschimpfen lassen: Du Schaf! Was ja soviel heißt wie, man sei dumm, zu blöde, um den richtigen Weg zu finden. Aber wenn man genau hinhört, ist damit oft nur gemeint, man sei zu töricht, die Nase im richtigen Wind zu haben.

Diejenigen, die nicht stets dem Herdentrieb folgen, sind deswegen nicht alle schwarze Schafe. Aber es gibt unter uns zu viele, die sich für weiße Unschuldslämmer halten und uns normalen Schafen gegenüber die Nase rümpfen. Die deswegen meinen, sie könnten sich als Leithammel gebärden. Oder gar selbst den Hirten spielen, die genau wissen wollen, wie man sich als Schaf zu betragen habe.

Ich kann mir vorstellen, mein lieber Hirte, daß es schwer ist, die wirklich schwarzen Schafe von denen zu unterscheiden, die nur dafür gehalten werden, und die weißen Lämmer von denen, die sich als solche ausgeben. Aber wenn Du Deine Herde richtig führen willst, dann mußt Du Dich dieser Mühe schon unterziehen.

Ich weiß, Du brauchst, um Deine Aufgabe für uns zu erfüllen, Deine Hunde. Aber müssen die immer gleich geschickt werden, wenn mal ein Schaf seinen eigenen Weg sucht? Was doch nicht heißt, daß es sich von der Herde trennen will, daß es am Zaun seinen Schafspelz aufhängt! Im Gehege ist doch Platz genug, und da möchte man sich als Schaf halt auch mal hier oder dort tummeln. Da kann sich natürlich schon mal eins verlaufen; aber dann wäre es, glaube ich, lohnender, ihm nachzugehen, es zu suchen und zurückzuholen, statt vor denen, die bei der Herde geblieben sind, über es zu schimpfen.

Erlaube mir noch ein Wort zu den Hunden, die doch unsere Freunde sein sollen, auch wenn sie auf uns aufpassen. Es gibt darunter viele, die werden ihrer Aufgabe gerecht, ein Schaf, wenn es mal wirklich in die Irre geht, sanft, aber bestimmt mit ihrem Gebell auf den rechten Weg zurückführen. Aber es gibt eben auch solche Hunde, die bellen nicht, die beißen sofort und hinterlassen rücksichtslos, wo immer sie auftauchen, Wunden. Ob das die richtigen sind? Was haben Hirten schon von verwundeten Schafen?

Ich für meinen Teil möchte gerne Schaf sein. Und ich weiß, daß Schafe einen Hirten brauchen. Sie brauchen ihn nicht nur als Herde, sondern auch als einzelne. Deine Aufgabe, meine ich, ist nicht das Aufpassen, sondern das Hegen. Ich möchte gerne, daß Du mir zeigst – und nicht bloß vorschreibst –, wo ich das Gras finde, das ich zum Leben brauche. Ich weiß, ich verlange viel von Dir. Deswegen beneide ich Dich nicht um Deine Verantwortung. Aber ich mache mir meine Gedanken darüber, und die wollte ich Dir hier darstellen. Denn ich möchte nicht sein Dein dummes, sondern

Dein treues Schaf

*

Mein liebes Schaf!
ich bitte um Nachsicht, wenn ich Dich so anrede, aber es klingt doch schöner und vertrauter, als wenn ich „Sehr geehrtes Schaf" geschrieben hätte. Mit großer Aufmerksamkeit habe ich Deinen Brief gelesen, und ich danke dafür, daß Du mir klipp und klar geschrieben hast, wo Dich Sorgen plagen. Für einen Hirten ist es immer gut, wenn er weiß, was bei den Schafen vor sich geht. Besonders froh bin ich darüber, daß Du – wie Du ausdrücklich beteuerst – bei allen kritischen Anmerkungen doch ein treues Schaf bleiben willst.

Vor einigen Jahren hat jemand aus der großen Herde sogar ein Buch geschrieben mit dem Titel „Was der Laie blökt". Das fand ich sehr interessant.

Es stimmt mich genauso traurig wie Dich, wenn mit dem Wort Schaf so oft Schindluder getrieben wird und wenn ihm alle möglichen Deutungen angehangen werden. Aber mir geht es mit dem „Hirten" nicht besser. Vorbei sind die Zeiten, wo es einmal ein angesehener Beruf war ...

Dabei ist der Hirte doch ein ganz wichtiger Mann. Oder hast Du schon einmal eine Herde gesehen, die ohne Hirten auskommt? Ohne ihn wird sie ein zielloser Haufen, der ratlos durcheinander rennt. Ist kein Hirte da, kommt bestimmt bald irgendein Leithammel oder Oberbock und übernimmt das Kommando. Glaub mir, der Hirt sieht mitunter eben weiter als das Schaf.

Und dann beschwerst Du Dich noch über meine Hunde. Dir kann ich es ja sagen: ich ärgere mich auch oft darüber: besonders wenn sie ungehorsam sind. Vor allem auch dann, wenn einige zugebissen haben, ohne daß ich sie schickte. Vielleicht wollen die sich nur wichtigmachen? Diejenigen, die zwar laut bellen, aber nicht beißen, meinen es gut mit der Herde, denn Du mußt zugeben, daß es auch einige Schafe gibt, die mit ihrem Eigensinn und ihrer Bockigkeit alles durcheinanderbringen. Wird dann laut gebellt, sollen sie wenigstens gewarnt sein.

Weil ich Dich gernhabe, will ich Dir zum Schluß noch etwas verraten – denn mein Brief darf ja nicht zu lang werden, weil sonst andere Schafe wieder meckern: Ich habe nicht nur scharfe Hunde und sehr viele treue, sondern – ich traue mich fast nicht den Ausdruck zu benutzen – auch einige faule Hunde. Die wackeln zwar immer mit dem Schwanz, wenn sie mich sehen, aber dann verstecken sie sich wieder hinter hohen Papierbergen und sind für die Herdenarbeit nicht mehr zu gebrauchen. Darüber brauchst Du Dich wenigstens nicht zu ärgern, das ist allein meine Sache.

Also – ich werde mich bemühen, noch mehr auf Dein Blöken zu achten und nicht jedes Meckern gleich als dummes Zeug abtun. Und wenn Du wieder Sorgen hast, suchen wir uns ein ruhiges Plätzchen und erzählen.
Ich grüße Dich in Liebe

Dein guter Hirte

Aus: Nr. 1377

Ein Kind schreibt an den Papst

Lieber Heiliger Vater! Sicher weißt Du schon vieles über unser Land. Du hast es ja schon früher besucht, als Du noch Bischof von Krakau warst. Aber vielleicht weißt Du doch nicht alles. Deshalb will ich Dir vor Deinem Besuch noch rasch einen Brief schreiben. „Kinder und Narren sagen die Wahrheit", heißt es bei uns. Ich hoffe, es fällt nicht allzu närrisch aus, was ich Dir schreibe.

Zunächst einmal, lieber Heiliger Vater, gewöhne Dich bitte daran, daß wir nichts dem Zufall überlassen. So ein Besuch bedarf der Ordnung, da darf nichts danebengehen, da muß alles festgelegt werden, Minute für Minute. Wie soll denn sonst das Protokoll zurechtkommen oder der Ordnungsdienst oder die Fernsehansagerin, die Dich rechtzeitig an- und abmoderieren muß? Das ist bei uns ganz anders als in Deinem Heimatland Polen. Wir Kinder haben mit Vergnügen gehört, daß dort der Kardinal einfach bei einer Werktagsmesse in Warschau sagt: Also, Freunde, auf Wiedersehen übermorgen in Tschenstochau! – und die Leute kommen tatsächlich hin, pilgern tagelang, übernachten in Wäldern, warten im Regen, sammeln sich zu riesigen Prozessionen, und alles geräuschlos, ohne Plan und doch zur rechten Zeit.

Solche Aufforderungen würden bei uns ein schreckliches Chaos hervorrufen. Also legen wir vorsichtshalber alles gründlich vorher fest. Aber wir wissen natürlich, daß Du nicht so leicht einzuordnen und einzubinden bist. Deine Ausbrüche aus Termin- und Fahrplänen sind ja bekannt. Deshalb haben die Planer für Dich einen kleinen Spontanfaktor eingebaut: Du kannst die Zeit ein wenig überziehen, da und dort mit Kindern und Unbekannten plaudern, sogar nachdenken, beten, allein sein mit dem lieben Gott. Uns Kinder soll das freuen. Nur bitten wir Dich im Interesse der großen Leute: Mach's nicht zu arg, damit der Zeitplan nicht durcheinander kommt!

Du wirst gehört haben, daß wir Deinen Besuch umfassend vorbereitet haben. Dazu gehören nicht nur Tribünen, Absperrungen, Verkehrsmittel, Übertragungswagen – auch Bücher sind geschrieben worden, einige ein wenig schnell. Du weißt als Professor und Schriftsteller, wie leicht in rasch gedruckten Büchern Druckfehler stehen bleiben. Unsere evangelischen Mitchristen meinten sogar, es seien nicht nur Druckfehler gewesen ...

Noch etwas muß ich Dir ganz schonend sagen, Heiliger Vater: Es wird in Deutschland viel darüber gesprochen, was Dein Besuch kostet. Und natürlich kostet er nicht wenig – Perfektion hat eben ihren Preis. Eine Wallfahrt im polnischen Stil hätte sicher viel weniger gekostet. Aber dazu braucht man Wallfahrer, und ob die lieben Deutschen das noch sind? Ich meine, die meisten sitzen lieber vor den Fernsehgeräten, sehen Dich durchs Land ziehen, sind von Dir beeindruckt – und wiegen doch bedenklich das Haupt mit der alten Frage: Hätte man das nicht den Armen geben können? Nimm es nicht zu tragisch. Schon Judas im Evangelium fragte bekanntlich so. Ohnehin sagt man uns Deutschen Materialismus nach, und paßt es da nicht haargenau, daß wir in den Zeitungen weniger vom Papstbesuch reden als von seinen Kosten?

Im übrigen bin ich sicher: Wenn Du erst einmal da bist, ist das alles ziemlich schnell vergessen. Du wirst ebenso herzlich empfangen werden wie anderswo. Besonders wir Kinder werden Dir zujubeln. Schließlich verdanken wir Dir einen schulfreien Tag!

Hans Maier, in: Nr. 914

Brief des Engels Humoriel an Narren, Büttenredner und Karnevalisten

Liebe, etwas traurig blickende Mitchristen!
Ich muß mich zunächst vorstellen, denn ich werde unter den mächtigen Engeln und Erzengeln wie Michael, Gabriel und Raphael in der Bibel namentlich nicht erwähnt. Dennoch existiere ich als ein kleiner Engel im hinteren Glied der himmlischen Heerscharen ... Ich, Humoriel, habe allerdings seit einiger Zeit einen besonderen Auftrag und eine herrliche Aufgabe, die mir mein Freund, der heilige Philipp Neri, besorgt hat ...

Philippchen rief mich und Sapientia zu sich und sagte: „Ihr erinnert mich an ein wunderbares Wort aus dem Alten Testament. Es heißt: ‚Ich war seine Freude Tag für Tag und spielte vor ihm allezeit. Ich spielte auf seinem Erdenrund, und meine Freude war es, bei den Menschen zu sein.'" – „Damit bin ich gemeint", jauchzte Sapientia, „und ich bin heute noch für die fröhliche Weisheit zuständig, ganz besonders bei den Theologen, Pfarrern, Predigern, Mönchen und Nonnen. Mit ihnen habe ich allerdings viel Arbeit. Manche Professoren, Pastöre, Pater nebst Ordensfrauen sind zwar sehr offen für hohe theologische Anregungen, die allerdings unter den Gottesgelehrten oft zu Aufregungen werden, aber sie haben es schwer mit dem funkelnden und sprudelnden Lachen und Lächeln, so wie ich es nun einmal sehe und verstehe." – „Ja, das weiß ich", sagte das gute Philippchen, „darum kommen auch andere Gruppen auf der Erde, die sich mit fröhlicher Weisheit und Wissenschaft beschäftigen, zu kurz. Ich meine die Karnevalisten, Büttenredner und Narren. Sie gelten in frommen Kreisen auf Eurer Erde oft als oberflächlich, verderbt und verderberisch, verführbar und verführerisch. Aber die meisten Narren sind nicht so. Darum, glaube ich, brauchen sie einen kleinen Schutz- und Stützengel, einer, der sich nicht scheut, mit in die Bütt zu klettern, wenn die Büttenredner ihre Vorträge halten, einer, der ihnen immer wieder gute Einfälle besorgt und der verhindert, daß Ausfälle gegen Schwache und Wehrlose daraus werden. Du, mein kleiner Freund – da schaute mich das gute Philippchen mit seinen himmlischen Augen ganz irdisch und menschlich an –, könntest der Schutz- und Stützengel für die Narren, Karnevalisten und Spaßmacher sein. Ich habe auch schon einen Namen für dich gefunden: Humoriel. Ich werde Gott bitten, dich zu den Narren und Karnevalisten zu senden und dir diesen Namen, Humoriel, zu verleihen."

So geschah es, und darum kann und darf ich Euch, liebe Narren, Karnevalisten und Spaßmacher, auch vom Himmel aus einen Brief schreiben. Fürchtet nicht, daß ich Euch himmlische Mahnungen zur Besonnenheit und zur Einhaltung humoriger Grenzen gebe. Das tun viele irdische Fromme zu oft und zu viel ...

Ich wollte Euch nur noch ein paar herzliche und herzhafte Worte sagen: Glaubt fest daran, daß Ihr in der Kirche gebraucht werdet, um das Evangelium Jesu Christi als Frohbotschaft vielen Menschen nahezubringen. Ihr habt keinen leichten Auftrag, denn zu den schwersten Formen der Kommunikation unter den Menschen und vor allem in der Kirche gehört die gekonnte Unterhaltung. Darstellungen von Mißständen, moralische Forderungen nach einer besseren Welt und einer reinen, heiligmäßigen Kirche sind viel leichter zu produzieren und zu artikulieren als der Humor, der das Herz froh macht und die Bauchmuskeln durch ein befreiendes Lachen trainiert und stärkt. Also, Ihr habt keinen leichten Beruf ... Glaubt auch fest daran, im Himmel ist mehr Freude über einen guten Spaßmacher und Karnevalisten, als über 99 fromme Grundsatzapostel, die keinen Humor mehr brauchen, weil sie leider den richtigen Humor nie genossen haben. Glaubt auch fest daran, daß Ihr Anteil an dem kühnen Wort des Apostels Paulus habt: „Wir sind Narren um Christi willen"; denn Jesus Christus galt in den Augen vieler Frommen damals und heute als töricht, komisch und realitätsfern, weil er den Armen und kirchlich Leistungsschwachen eine *frohe* Botschaft verkündete (keine Drohbotschaft) und ihnen sagte: „Selig, die ihr jetzt weint, ihr werdet lachen." Das heißt, Ihr werdet in Euren Tränen und in Eurem Leben Lachen, Freude auf Erden und im Himmel erfahren. Ihr macht sicher etwas von der Torheit Gottes sichtbar, welche die Weisheit der allzu ernsten Welt häufig beschämt.

Schließlich möchte ich noch etwas von meinem Freund Philipp Neri erzählen. Er ist für mich das Leit- und Vorbild eines christlichen Narren. Immerhin, Euer Johann Wolfgang von Goethe hat von Philipp Neri geschrieben: „Philipp Neri steht im hohen Ansehen und zugleich heiterem Andenken. Man wird erbaut und erfreut, wenn man von ihm und seiner hohen Gottesfurcht vernimmt. Zugleich aber hört man auch von seiner guten Laune sehr viel erzählen." Philipp stammt aus Florenz, der Stadt der „Festivita", des römischen Feierns und des heiteren Lebensstils. Wißt Ihr auch, daß eines seiner Lieblingsbücher die Schwänke des Pfarrers Piovaro Aloto war. Dieser Diener Gottes ließ auf sein Grabmal schreiben: „Errichtet für Piovaro Aloto und alle, die hier hinein wollen." Philipps Humor kam aus dem Evangelium, der Frohen Botschaft. Dieser Humor ist leichtherzig und leichtfüßig, frisch, frech, spritzig und kühn wie guter, perlender Wein. „Allegrementi" – zu deutsch: „Sei fröhlich, hab frohen Mut" – war Philipps Leitspruch, den er als 80jähriger noch auf seinem Sterbebett wiederholte. „Liebe Narren, erhebt

Eure Seele zu Gott, denn es gibt keine größere Freude als diese", das sagt Euch der alte Philipp Neri immer und immer wieder. Philipp stellte alles Menschliche auf den Kopf und lachte allem allzu vernünftigen Gerede offen ins Gesicht.

Liebe Karnevalisten und Büttenredner, macht die Menschen nicht auf Kosten ihrer Schwächen froh, sondern helft ihnen ihre Schwächen zu sehen und anzunehmen, lachend und lächelnd, manchmal auch unter Tränen. Habt keine Schuldgefühle, weil Ihr nur Narren seid. Ich will Euch mit einem Text trösten, den ein Mönch, der heilige Rufinus, für seine manchmal frommen und arroganten Mitbrüder geschrieben hat: „Man darf niemanden in der Welt verachten, ob er ein Räuber, Schauspieler, Bauer oder Edelmann ist, denn in jedem Stand gibt es gottgefällige Menschen, die im stillen die Handlungen vollbringen, die Gott erfreuen."

Ich grüße Euch und halte Euch auf den himmlischen hinteren Rängen viele Plätze frei.

Euer „englischer" Freund Humoriel

Karl Heinz Pfeiffer, in: Nr. 1333

Kleines Paradies mit Hund

Man mag davon träumen. Ich aber habe im Paradies gesessen, und ein Hund war dabei: Friede mit Tieren.

Es hatte geschneit. Nun aber schien die Sonne.

So riskierte ich es, mich zwischen die kleinen Schneepfützen einer Bank zu setzen. Ein Versuch. Nasse Hosen sind besonders im Winter nicht angenehm. Ein großer Hund kam daher, beschnüffelte die Bank und dann mich. Er schaute mich an und wedelte mit dem Schwanz. In der Sonne legte er sich vor die Bank, seinen Kopf auf meinen Fuß. Wir kannten uns nicht. Man fand sich. Ganz still und ohne Aufsehens waren wir ins Paradies geraten. Solche guten Augenblicke haben Sie schon erlebt? Unversehens und leise kommen sie daher, ein gefährdetes, sehr vorläufiges Glück. Der Herr des Hundes erschien, nahm den Hund an die Leine. Aus war der Traum vom Paradies.

Meinrad Limbeck, ein Theologe in Tübingen, zeigte mir dazu diese Stelle im 1. Kapitel des Markusevangeliums (Mk 1,12–13): „Der Geist trieb Jesus in die Wüste. Dort blieb Jesus vierzig Tage lang ... Er lebte bei den wilden Tieren, und die Engel dienten ihm." Niemand hat es gesehen. In der Wüste fehlen die Zuschauer, Berichterstatter, kein Evangelist weit und breit. Dort war die Stille, die Jesus suchte und fand, die viele suchen am Morgen, gegen Abend, am Ende. Jesus selbst hat offenbar das Ereignis weitergegeben. So wichtig mag es ihm gewesen sein, weil den Wundern ebenbürtig, anzeigend das Wunder, das er ist. Die Schwiegermutter des Petrus befreite er vom Fieber, Kranke heilte er, einen Aussätzigen machte er rein und den Gelähmten ließ er gehen: Seine Signale, daß Heil und Frieden möglich sind, falls er dabei ist.

Wie kam es zum Zeichen in der Wüste?

Der Geist höchstselbst hat ihn nicht nur „geleitet“, „getrieben“ hat er ihn, sagt Markus, „hinausgetrieben“ in die Wüste. Und dort dann diese „Oase“, ein Stück Paradies.

Im Verborgenen und in der Stille ein Stück „Neue Schöpfung“. Das gab es seit dem Verlust des Paradieses nicht mehr: wilde Tiere, der Mensch und die Engel im Frieden!

Schnell ist die Szene vorüber. 40 Tage nur dauerte Jesu Rückzug in die Wüste. Dann aber holte im Leben Jesu die Passion der Tiere und des Menschen den Ausflug ins Paradies wieder ein. Die Oase wurde Fatamorgana? Wer ist es, der diesen Menschen zur Oase werden läßt.

Friede mit den Tieren. Damals gab er sein Zeichen. Markus sagt, wer das Zeichen setzte. Nicht nur ein Tierfreund, wie viele von uns es sein mögen. Markus erzählt ja in den Versen zuvor, daß dieser Jesus getauft und bezeichnet wurde, bezeugt wurde als der „geliebte Sohn“ des Vaters.

So ist diese Szene viel mehr als ein kleines Erlebnis auf der Bank mit dem freundlichen Hund. Hier in der Wüste ist Vorschau und Verheißung und Auftrag: Friede mit den Tieren. Der Hund hat mich daran erinnert. Ein Theologe mir geholfen. Ich übergebe Ihnen diesen Gedanken.

Josef Anselm Adelmann, in: Nr. 1290

Gottes kleine Freunde

Beten wie ein Kind

Wenn ich Pfarrer wäre …

Bier – oder einen Klaren?

Die unzufriedenen Erwachsenen

Auf einem großen Schaukelstuhl

Unsere Freude tanzt in den Himmel

„Bist du der liebe Gott?“

Beten wie ein Kind

„Lieber Gott, sei so gut, laß die Hunde genauso alt werden wie die Menschen!" betete ein Kind. Ich möchte etwas hinzufügen: „Lieber, sehr verehrter Gott, laß die armen Hunde nicht so alt werden wie die Menschen. Das ist manchmal schlimmer als ein Hundeleben."

Ein Kind: „Bitte, laß meinen Dackel in den Himmel kommen, bitte, lieber Gott!" Ja, falls ich tatsächlich auch einmal dort hinkommen sollte, erwarte ich, daß mein Hund mich schwanzwedelnd und laut wuffend begrüßen wird. Solche Himmelshunde und Wunschhunde gäbe es nur bei Kindern? Jesus lebte schon in der Wüste paradiesisch sozusagen unter ganz „wilden Tieren" (Mk 1,13), und Paulus wußte von den Seufzern der Tiere nach paradiesischer Erlösung (Röm 8). Wenn dann noch die Seufzer der Kinder zugunsten ihres Freundes Hund hinzukommen, wird sich der Himmel erbarmen. Ich erlaube mir zu dem Kindergebet eine Zusatzbitte: „Am besten wäre es dann, o Herr, wenn Du die Himmelsdackel so lassen würdest wie sie auf Erden sind, lustig, anhänglich und ungehorsam."

Ein drittes Kind: „Anstatt die Menschen sterben zu lassen und neue in die Welt zu setzen, könntest Du doch, lieber Gott, die vorhandenen am Leben erhalten." Das ist eine Idee! Mein Gebet, das eine Variante des Kindergebets werden könnte, heißt: „Aber, lieber Gott, bitte doch keinen ewig haltbaren Menschen, das würde sehr langweilig für alle Betroffenen. Mach, ganz wie Du willst, unserm Erdenleben irgendwann einmal ein Ende. Laß uns nicht von Leben zu Leben springen, und zeige uns Deine entscheidende und abschließende Barmherzigkeit."

Ein Kind: „Lieber Gott, die Leute in der Wohnung nebenan streiten sich immer so laut und heftig. Sieh doch zu, daß nur die Leute heiraten, die nett zueinander sind!" Zusatzgebet meinerseits: „Lieber Gott, die Kirchen streiten sich schon so lang und so heftig, könntest Du nicht solche Menschen zu Christen machen, die sich mögen?"

Ein Kind: „Warum kommt der Name ‚Herrgott' in der Bibel vor, aber nicht ‚Frau Gott'. Warst Du nicht mit ihr verheiratet, als Du dieses Buch schriebst?" Mein zusätzliches Gebet: „Lieber Gott, wenn Du mit dieser kniffligen Frage nicht zurechtkommen solltest – es könnte ja sein –, frage doch den verstorbenen Johannes Paul I., der sicher bei Dir ist, so freundlich wie er war. Frag ihn! Er hat in den paar Wochen, solange er Papst war, Dich ganz gut durchschaut: ‚Vater und Mutter zugleich'. So sprach er Dich an! Wie ist es nun wirklich? Das Kind und ich wären für eine Notiz im ‚Osservatore Romano' in der deutschen Ausgabe dankbar."

Ein Kind: „Lieber Gott, läßt Du auch so gern mit dir schmusen? Das tut so gut." Zusatz: „Nicht nur den Kindern tut das gut!"

Zum Schluß dieses kleine Lobgebet eines Kindes: „Lieber Gott, ich hätte nicht gedacht, daß Dunkelblau und Schwarz und Zickzackgelb so gut zueinander passen, bis ich das Gewitter gestern abend sah, das Du gemacht hast."

Kommentar des Verfassers: „Ich weiß, daß Dein Regenbogen nicht nur die Freude der Kinder ist. Wenn er einmal verblaßt sein sollte, wer sollte ihn wieder auffrischen außer Dir? Du bist der Regenbögen allerschönster Regenbogen."

Josef Anselm Adelmann, in: Nr. 1290

Wenn ich Pfarrer wäre ...

Lieber Gott,
warum läßt du zu,
daß unser Pfarrer niemals
zu uns Kindern predigt?
Er schimpft immer, wenn wir
Kinder spielen oder schwätzen,
aber warum hält er nicht eine
Predigt für uns Kinder?
So wie es in einer anderen
Pfarrei auch der Fall ist?
Am liebsten würde ich ja auch
Pfarrer werden, aber ich bin leider
ein Mädchen, und deshalb geht das nicht.
Wenn ich Pfarrer wäre,
würde ich mehr für dich tun
und alle Menschen lehren,
daß sie gut sein sollen.
Lieber Gott, ich weiß jetzt nichts mehr
und mache deshalb Schluß.
Wenn dir noch was einfällt,
kannst du es mir ja sagen –
oder soll ich dich vielleicht mal anrufen?
Welche Nummer muß ich da wählen?

Gisela

Aus Nr. 1209

Die unzufriedenen Erwachsenen

Lieber Gott,
ich möchte dich bitten,
daß ich in der Mathematikarbeit
eine gute Note erhalte
und daß du mir auch sonst
hilfst, wenn ich es mal brauche.
Vielleicht kennst du unsere Lehrer
und weißt auch, daß mit denen
nicht immer gut Kirschen essen ist!
Lieber Gott,
wie wär's, wenn du den Leuten
in der Politik sagen würdest,
sie möchten endlich mal anfangen
sich zu vertragen –
und sie sollen nicht immer nur
aufeinander einschreien.
Das gefällt mir gar nicht.
Wir Kinder müssen doch auch artig sein
und lernen, wie man miteinander
auskommt.
Lieber Gott,
mach die Erwachsenen so,
daß auch wir Kinder zufrieden sind.

Ludwig

Aus Nr. 1209

Auf einem großen Schaukelstuhl

Lieber Gott,
wenn ich mir das vorstelle,
wie du da droben im Himmel bist
und auf einem großen Schaukelstuhl
sitzt und vielleicht auch mit einem
Fernglas mal runterguckst,
dann kommt mir das sehr spaßig vor.
Aber es kann ja sein, daß du dabei sogar Spaß hast.
Und wenn dann noch all die guten Menschen
neben dir sind, die in den Himmel
hineingekommen sind, und wenn auch
die jetzt auf die Erde heruntergucken,
so werde ich ganz nervös.
Meine Omi hat nämlich immer gemeint,
wie sie noch am Leben war,
wenn ich mal da droben bin,
werde ich schon auf dich aufpassen,
daß du nix Dummes machst.
Meinst du wirklich, lieber Gott,
daß man so weit gucken kann?
Meine Omi war ja ziemlich kurzsichtig
gewesen, und ohne Brille hat die nie sehr
weit gucken können ...

Dorothea

Aus Nr. 1209

Unsere Freude tanzt in den Himmel

Herr, Schöpfer dieser Erde, Schöpfer der Bäume und Pflanzen, Tiere und Menschen. Alles ist zu deiner Ehre.

Unsere Freude tanzt in den Himmel hinan, denn du bist der Herr über das All.

Du hast das sonnenüberstrahlte Land uns geschaffen, hast uns Freunde gegeben und Früchte auf den Feldern. Du hast eine wunderbare Welt geschaffen, schöne Menschen mit strahlenden Gesichtern und guten Augen.

Unsere Freude tanzt in den Himmel hinan, denn du bist der Herr über das All.

Wir danken dir für diese Welt. Wir danken dir für Sonne, Mond und Sterne. Wir danken für die Früchte auf den Feldern und für die Rinder auf den Weiden. Halte unser Herz frei von Haß, und laß uns alle Brüder und Schwestern werden, die dich loben immerdar.

Unsere Freude tanzt in den Himmel hinan, denn du bist der Herr über das All.

Zentralafrika

Aus Nr. 1519

„Bist du der liebe Gott?"

Es sind nicht nur die Frechdachse und kleinen Sünder, welche die Messe besuchen. Die meisten Kinder sind fromm und brav, wenn sie zur Kirche gehen. Sie wissen sehr genau, wie man sich in den „Heiligen Hallen" eines Münsters, eines Doms oder einer Pfarrkirche zu verhalten hat. Andächtig lauschen sie der Predigt, auch wenn sie manchmal noch nicht alles verstehen, was sie gesagt bekommen und was um sie herum geschieht. Da werden dann einige ungeduldig: aus frommen Katholiken werden kleine „Protestanten".

Sabinchen ist zum ersten Mal im Bischofsdom, in dem ein feierlicher Gottesdienst abgehalten wird. Plötzlich knien alle Besucher in den Kirchenbänken. Sabinchen ist sehr erstaunt darüber und flüstert ihrer Mutter zu: „Was machen die Leute?" Die Mutter flüstert zurück: „Still, Kind, sie beten!" Da wundert sich die Kleine, die nur ihr Nachtgebet kennt: „Aber, Mutti, die haben doch gar keine Schlafanzüge an!"

Eine Kindergottesdienst-Helferin muß nach der Kirche immer eine lachende und schwatzende Gruppe von Sonntagsschulkindern betreuen. Eines Sonntags war ein kleines Mädchen zum ersten Mal dabei; es war von der großen Schwester in die Kirche mitgebracht worden. Um mit dem noch etwas schüchternen Mädelchen in Kontakt zu kommen, fragt die Helferin: „Na, wie hat es dir denn in der Kirche gefallen?" Die Antwort kam prompt und voller Begeisterung: „Am schönsten fand ich den Herrn Pfarrer, der hat ja ein richtig hübsches Dirndlkleid getragen!“

Dem vierjährigen Sohn ist es in der Messe zu langweilig. Um ihn bei der Stange zu halten, kommentieren die Eltern ihm leise den Ablauf der Messe nach der Kommunion. „Jetzt wird das heilige Brot weggebracht“, sagt der Vater. „Wie die Mama auch zu Hause nach dem Essen spült, macht der Priester jetzt den goldenen Teller sauber und trocknet ihn mit dem Tuch ab; und jetzt spült er den Kelch, siehst du? Das Wasser wird hineingeschüttet.“ Da erfolgt die Unterbrechung durch den Sohn: „Bah, und jetzt trinkt er das Spülwasser!“

Nach der Morgenmesse treffen sich interessierte Kirchgänger beim Frühschoppen, zu dem auch der Herr Pfarrer regelmäßig erscheint. Ein vierjähriger Bub war mit der Mutter bei der Messe und hat den Priester dort gesehen. Anschließend erscheint der Priester in der Gaststätte, wo die Mutter mit dem Kleinen ist. Der Sohn mustert ihn und fragt: „Bist du der Herr Jesus?“

Eines Vormittags soll ein Wortgottesdienst für die Kinder aus dem Kindergarten und dem örtlichen Hort in der Kirche stattfinden. Der Priester, bekleidet mit Talar und Rochett (einem Gewandstück katholischer Geistlicher), öffnet das Kirchenportal, um die Kinder dort zu begrüßen. Ein fünfjähriger Junge aus dem Hort kommt gerade angelaufen, sieht den Geistlichen, dreht sich erschrocken um und ruft: „Huch, der liebe Gott!“

Martin war zwischen vier und fünf Jahre alt, als er zum Weihnachtsfest mit in die Kirche durfte. Vorher wurde ihm eingeimpft: „In der Kirche darfst du nicht sprechen. In der Kirche müssen alle ruhig sein.“ Martin war sehr brav und sah nur die ganze Zeit über stur nach vorn zum Pfarrer. Einige Tage später trafen Mutter und Sohn den Herrn Pfarrer auf der Straße, und es kam zu einer kurzen Begrüßung. Dabei rief der Dreikäsehoch ganz begeistert aus: „An Weihnachten war ich aber auch in der Kirche!" „So", freute sich der Pfarrer, „war es denn schön?" Eifriges Kopfnicken: „Ja!" Der Geistliche schmunzelt, während sich das Kind besinnt: „Aber sag mal, warst du das, der da vorn so laut geschwätzt hat?"

Während des Kirchengesanges beobachtet der Leiter der Kindergruppe ein paar Rowdys, die ganz andächtig zur Orgel emporschauen und sich dabei richtig freuen. Soviel Andacht und Frömmigkeit hätte er eigentlich gar nicht bei den Buben vermutet. Die Ernüchterung folgt allerdings, als er kurz darauf hört, daß der eine Bub seinem Nachbarn zuraunt: „Wenn sie jetzt noch ein bißchen wackelt, dann fliegt's runter!" Die Knülche hatten das nachlässig aufgestellte Choralbuch der Organistin beobachtet.

Ein Helfer sammelt das Opfer ein und fragt einen kleinen Wutz, der auffallend unruhig in seinem Bänkchen herumrutscht: „Hast du auch ein Opfer dabei?" „Nein", flüstert der Lütte, „das hab ich vergessen." „Das macht nichts", erwidert der Helfer großzügig. „Dann bringst du es halt das nächste Mal mit." Da schaut ihn der Winzling treuherzig an und berichtet: „Das geht nicht; ich hab mir ein Eis dafür gekauft."

Peterle beichtet dem Herrn Pfarrer: „Ich habe dreimal beim Nachbarn Äpfel gestohlen. Das heißt, eigentlich waren es erst zweimal; aber vielleicht probiere ich es heute nachmittag noch einmal, und deshalb rechne ich das gleich dazu!"

Pitterchen aus dem Ruhrpott hat auch gebeichtet. Noch voller Andacht und ganz verklärt verläßt er die Kirche. Unterwegs trifft er einige Jungen aus seiner Straße, und die Rasselbande will, daß er sich an ihren wilden Spielen beteiligt. Aber Pitterchen lehnt es ab herumzutoben. Deshalb hänseln ihn die anderen. Pitterchen hört sich die Hänseleien eine Weile geduldig an; aber die Bengel werden immer unverschämter. Auf dem Höhepunkt der Foppereien endlich kann Pitterchen nicht mehr an sich halten. Er stemmt die Hände in die Hüften und ruft wutentbrannt: „Laßt mich in Ruh! Ihr habt heut fies Glück, dat ich grad im Stand der heiligmachenden Gnade bin. Aber da könnt ihr euch drop verlassen, da komm ich och wieder drus: und dann sollt ihr jet erleben, ihr Halunken!"

In der Pfarrgemeinde gab es einen kleinen Mischlingsjungen, dunkelhäutig und schwarzlockig. Zu Weihnachten kam er in die Kirche, als dort gerade das alljährliche Krippenspiel aufgeführt wurde. Als die drei Könige einzogen, einer davon mit schwarz angemaltem Gesicht, rief er laut und freudestrahlend im echtesten Berliner Dialekt durch die Kirche: „Kieckt mal, wie icke!"

Festlicher Heiligabend-Gottesdienst. Die sechsjährige Petra hält das Programmheft in der Hand und fragt: „Papa, wo sind wird jetzt?" Der Vater zeigt auf den drittletzten Programmpunkt, woraufhin das Töchterchen erlöst ausruft: „Gott sei Dank, dann haben wir es ja gleich geschafft!"

Die dreijährige Helga ist zum ersten Mal in der Messe. Daheim wird vor dem Essen gebetet, Helga kennt das ganz genau. Hier in der Kirche nun wird das Vaterunser gesprochen. Nach dem Amen ist es ganz still im Gotteshaus, als die Kleine – für das halbe Kirchenschiff laut und deutlich vernehmbar – ausruft: „Guten Appetit!"

Die Mutter war mit Horst und Christel zur Heiligen Messe im Hohen Dom zu Eichstätt. Das Hochamt wurde vom Bischof zelebriert. Vor Beginn des Gottesdienstes wurde der Bischof eingekleidet. Als ihm die Albe (Teil des Amtsgewandes) übergestreift wurde, sagte Tochter Christel verwundert: „Mutti guck mal, hat der aber ein langes Nachthemd an!“ Der Mutter war es leider nicht möglich, ihrer Tochter während des Hochamtes die Bedeutung des Bischofsgewandes zu erklären, und so sagte Christel nach der feierlichen Messe: „Jetzt zieht er's Nachthemd wieder aus.“

Der neue Pfarrer hielt seine erste Predigt über das Thema: „Was ist ein wahrer Christ?“ Die einzelnen Abschnitte seiner Predigt faßte er darum immer mit dieser Frage zusammen. Er schlug mit der Faust auf die Kanzel und stellte eindringlich die rhetorische Frage an die Gemeinde: „Was ist ein wahrer Christ?“ Ein kleiner Stöpsel, der mit seiner Mutter in die Kirche gekommen war, zerbrach sich den Kopf über diese Frage, indem er seiner Mama zuflüsterte: „Mutti, weißt du, was ein wahrer Christ ist?“ Um den Störenfried zu beruhigen, flüsterte die Mutter zurück: „Ja, ja, ich weiß es, aber sei jetzt bitte still!“ Der Sohn hielt sich auch brav, bis der Geistliche zum Schluß seiner Predigt kam und noch einmal eindringlich die Stimme erhob: „Und nun frage ich zum letzten Mal, liebe Gemeinde: Was ist ein wahrer Christ?“ Da boxte der Wutz aufgeregt seine Mutter in die Seite und rief ganz laut: „Sag's ihm doch, Mama! Sag's ihm.“

Aus Nr. 968

Von der Heiterkeit des Alters

Wenn ich noch einmal zu leben hätte …

„Der Mensch ist für die Freude geschaffen"

Altersgedanken

Singe, und geh deines Weges

Wenn ich noch einmal zu leben hätte ...

Wenn jemand seinen 80. oder gar 90. Geburtstag feiert und dabei einigermaßen rüstig ist, dann pflegen die Gratulanten meist zu fragen, ob es ein Rezept gebe, wie man so alt werden und dabei so gesund bleiben könne. Und dann kommen die Rezepte, die allesamt nichts taugen. Der eine erwähnt, daß er jeden Tag zwei Schnäpse getrunken habe, die für ihn die beste Medizin gewesen seien, und so sei er 90 Jahre alt geworden. Der andere beteuert, daß er seit 50 Jahren überhaupt keinen Schnaps mehr angerührt habe, und das habe ihn so jung gehalten. Ein dritter schwört auf Knoblauch, ein vierter auf seine Rohkost. Und wenn Sie und ich es nachmachen, werden wir vielleicht trotzdem nur 75 Jahre alt. Aber dieses Fragen nach einem Rezept scheint zum Ritual hoher Geburtstage zu gehören. Wenn einer 50 oder 60 Jahre alt wird, kommt mit fast der gleichen Wahrscheinlichkeit eine andere Frage. Unser Geburtstagskind hat eine Anzahl von Lebenserfahrungen gemacht, aber es hat nach menschlichem Ermessen auch noch einiges vor sich. Und so fragen die Freunde: Wenn du noch einmal zu leben hättest, würdest du alles genauso machen oder anders? Es gibt Leute, die dann ohne Zögern antworten: ich würde alles genauso machen. Es sind die, die Glück hatten im Leben, es zu etwas gebracht haben, mit sich selbst und ihrer Umgebung im reinen sind, Menschen, die das Leben so nehmen, wie es ist, und die genau wissen, daß „anders machen“ noch nicht heißt „besser machen“. Andere sehen ihr Leben als eine Summe verpaßter Chancen und beteuern deshalb, sie würden vieles anders machen und natürlich besser.

Wenn wir tatsächlich zwei Leben führen könnten, das erste auf Probe, und das zweite dann endgültig, dann würden wir alle Lebenserfahrungen des ersten Lebens mitbringen als geistiges Startkapital für das zweite Leben, und dann könnten wir vieles vielleicht besser machen als beim ersten Mal. Aber so geht es wohl nicht. Wenn ich die 50 Jahre meines Lebens noch einmal zu durchmessen hätte ohne die Erfahrungen, die ich jetzt habe, aber mit den gleichen Charaktereigenschaften, die mir in die Wiege gelegt sind, und mit dem gleichen bißchen Verstand, das ich habe, wahrscheinlich würde vieles nicht sehr viel anders laufen.

In einer Zeitung war die Antwort einer amerikanischen Ordensfrau, Schwester Ruth Brannan, abgedruckt, die sie auf die Frage gegeben hat, was sie tun würde, wenn sie noch einmal von vorne zu beginnen hätte. Unter anderem sagte sie: „Wie Sie sehen, bin ich eine von jenen Zeitgenossen, die vorsorglich, vernünftig und gesund leben. Stunde für Stunde, Tag für Tag. Gewiß, ich habe meine verrückten Augenblicke, aber wenn ich noch einmal von vorne anfangen könnte, würde ich mehr solcher verrückter Augenblicke haben, genau gesagt: Ich würde weniger vorausplanen, mehr dem Zufall überlassen. Wissen Sie, ich bin eine von denen, die für alle Fälle Thermometer, Wärmflasche, Regenmantel und Fallschirm bei sich tragen. Könnte ich ein zweites Leben leben, ich würde all den Kram daheim lassen, würde in aller Herrgottsfrüh barfuß auf die nassen Wiesen laufen, würde Karussell fahren – und Sie würden mich nicht mehr herunterkriegen." –

Ein bißchen merkwürdig solche Worte im Mund einer frommen Nonne. Aber hat sie nicht recht mit dem, was sie da plötzlich gemerkt hat: daß es unser Leben keineswegs leichter, eher schwieriger macht, wenn wir alles selber planen und für alle Eventualitäten Sicherungen einbauen lassen. Ihr ist aufgegangen, daß zum Christsein immer und vor allem ein Stück Gottvertrauen gehört. Jesus hat seine Jünger ermuntert, zu einer solchen Unbekümmertheit aus dem Glauben an den Vater im Himmel, der für uns sorgt: „Seid also nicht ängstlich besorgt und sagt nicht, was sollen wir essen? was trinken? womit uns kleiden? ... Euer himmlischer Vater weiß ja, daß ihr das alles braucht. Suchet zuerst das Reich Gottes und seine Gerechtigkeit, und das alles wird euch hinzugegeben werden." –

Es ist ganz sicher vertane Zeit, sich Gedanken zu machen, was ich wohl tun würde, wenn ich noch einmal zu leben hätte. Jeder hat nur ein Leben. Aber dieses Leben geht für die meisten von uns noch eine gewisse Weile weiter. Fragen wir uns lieber, was ich tun werde, nachdem ich mir in Erinnerung gerufen habe, daß Gott meinen Lebensweg weiterhin begleiten wird. Sicher kann niemand von uns „mit seinen Sorgen sein Leben auch nur um eine Spanne verlängern", aber eines sollten wir: in unserem Leben ein wenig Platz machen für das Wirken unseres Vaters im Himmel.

Hans Dieter Schelauske, in: Nr. 1554

„Der Mensch ist für die Freude geschaffen"

Blaise Pascal spricht nicht vom Menschen im Paradies. Ihm geht es nicht so sehr darum zu sagen, wie intensiv die Freude der Menschen einmal gewesen ist in der Harmonie mit Gott und seiner Schöpfung. Pascal denkt an die Zukunft des Menschen. Das ist eine Zielansprache: „Der Mensch ist für die Freude geschaffen." Welche Realität aber umgibt uns heute? Der Psalmist beschreibt sie: „Der Jahre Gewinn sind einzig Mühsal und Plage" (Ps 90,10). Das hieße: über aller Mühe und allem Leid die Freude aus dem Leben, aus der Wirklichkeit auszuschließen. Diese ist vielmehr ein Gemisch, das es zu analysieren gilt.

Erstes Ergebnis: Der Mensch lebt wie in einem Kontrastprogramm. Er erfährt die Welt zu seiner Freude und zu seinem Leid im gleichen Fernsehsessel (Mainzer Fastnacht im Ersten Programm – Alexander Solschenyzins „Krebsstation" im Zweiten Programm). Die Morgenzeitung macht keinen Unterschied im Druck zwischen Hiobsbotschaften und freudigen Ereignissen (auf der gleichen Zeitungsseite zwölf Tote bei einem Omnibusunglück und die Nachricht über die glückliche Geburt von Vierlingen).

Zweites Ergebnis: Trauer und Freude sind wie Zwillinge. Sie sind oft kaum auseinanderzuhalten (bei den großen Clowns bis hin zu Charlie Chaplin weiß man zuweilen nicht, ist's Lachen oder Weinen).

Drittes Ergebnis: In hellster Freude ist Trauer, im tiefsten Dunkel ein Funken Hoffnung. (Charles Baudelaire, unglücklicher französischer Dichter: „Lachen ist sowohl Zeichen einer unendlichen Größe wie eines unendlichen Elends." – Spr 14, 13: „Auch beim Lachen kann sich das Herz grämen – und das Ende der Freude ist Leid.")

Viertes Ergebnis: Der Mensch wird wählerisch. Er sucht Frohes und Trauriges je nach Gusto, nach seinem Geschmack. Er liest nur die angenehmen Überschriften oder nur die unangenehmen; er drückt die Tasten am Fernsehapparat so lange, bis er das Programm seiner Wahl vor Augen hat. Er schätzt die fröhlichen oder die traurigen Menschen, so wie es seiner Laune, seinen Bedürfnissen, seiner eigenen Art entspricht. Er hört aus Predigten nur das heraus, was ihn fröhlich stimmt, worüber er sich empören kann, was ihn traurig macht, er glaubt die Wahl zu haben und übersieht dabei die Ergebnisse 1–3: Die Wirklichkeit ist ein kontrastreiches Gemisch von Trauer und Freude. Dieses Gemisch gilt es zu analysieren, nicht zu konsumieren, was einem davon beliebt.

Fünftes Ergebnis: Christliche Freude ist von besonderer Art. Vor allem die, welche Paulus empfiehlt: „Freut euch, wiederum sage ich euch, freut euch!" So etwas ganz Ausgefallenes ist es noch nicht, wenn er mit alten griechischen Philosophen sagt: „Freut euch mit den Fröhlichen" (Röm 12, 15)! Fröhlichkeit in Gemeinschaft ist allen Lebenslustigen gemein. Ein Satz aus dem Katechismus für gutes soziales Verhalten: es empfiehlt sich, Weinfeste, Volksfeste, Cocktail-Parties zu besuchen. Führt Paulus nun besondere Gründe an, daß sich der Christ freue? Wie immer Christus verkündet wird, der Apostel wird froh darüber (Phil 1, 18). (Es ist nicht der gewandte Prediger, nicht die stimmungsvolle Musik und auch nicht die ihm sympathische „rechts" oder „links" stehende Gemeinde, sondern einfach die Tatsache, daß Christus verkündet wird. Das macht ihn froh.) Paulus freut sich über den Glauben seiner Freunde (Kol 2, 5). (Was schätzen Sie am meisten an Ihren Freunden?) Die Mitte aber all seiner Freude und das

Charakteristische: „Freut euch im Herrn“ (Phil 3, 1). Eine andere Eigentümlichkeit überrascht: „Wir freuen uns, wenn wir schwach sind“ (2 Kor 13, 9). Das ist eine Begründung, die jederzeit des Nachdenkens wert ist. Wer sich über sein Können, sein Wissen, seine Stärke, seine Beliebtheit und dergleichen freuen will, der mag es tun. Er hat dafür das ganze Jahr Zeit. Wenn es aber nun auf Karfreitag zugeht, dann wird es Zeit, bescheiden zu werden, sich als ein schwacher, sündiger Mensch zu erkennen, wenn das ganz Besondere der christlichen Freude, die österliche Freude, Ihre Freude werden soll.

Josef Anselm Adelmann, in Nr. 603

Altersgedanken

Das gute Alter ist ein Geschenk des Himmels;
wer es hat, sollte damit zufrieden sein.
Josef Reda

Vom Standpunkt der Jugend aus gesehen,
ist das Leben eine unendlich lange Zukunft;
vom Standpunkt des Alters aus,
eine sehr kurze Vergangenheit.
Arthur Schopenhauer

Alt macht nicht das Grau der Haare,
alt macht nicht die Zahl der Jahre …
Alt ist – wer Humor verliert
und sich für nichts mehr interessiert.
Unbekannt

Es kommt nicht darauf an, wie *alt* wir sind,
sondern darauf kommt es an, *wie* wir alt sind.
Unbekannt

Wir loben die gute alte Zeit,
wollen aber gerne in der Gegenwart leben.
Ovid

Erinnerung ist die Frucht gelebten Lebens.
Peter Coryllis

Es ist nichts Großes, lang zu leben,
aber etwas Großes ist es, gut zu leben.
Augustinus

Das Alter ist für mich kein Gefängnis,
in das man eingesperrt ist,
sondern ein Balkon, von dem man weiter sieht.
Marie Luise Kaschnitz

Man muß frühzeitig anfangen mit Weisheit;
im Alter kommt sonst keine mehr.
Joachim Günther

Je älter man wird,
um so mehr wächst in einem die Neigung zu danken.
Martin Buber

Das Altwerden ist ein allmähliches Abschiednehmen
von der ungebrochenen Fülle des Lebens.
Johannes Paul II.

Wer in der Jugend Bäume pflanzt,
kann sich im Alter in deren Schatten setzen.
Sprichwort

Erinnerungen sind das einzige Paradies,
aus dem man nicht vertrieben werden kann.
Jean Paul

Gott gibt uns die Erinnerungen,
damit wir Rosen im Winter haben.
Unbekannt

Aus: Nr. 1213

Singe, und geh deines Weges

Von der Heiterkeit als einer Tugend wird selten gesprochen. Und uns ältere Menschen stellt man sich gewöhnlich ein wenig mürrisch und nicht sehr heiter vor. Aber die Heiterkeit kann doch eine Tugend sein. Und ältere Menschen können auf ihre Art sehr heiter sein, und das ist dann sogar eine besondere Tugend.

Junge Menschen sind zuweilen ganz von selber heiter und fröhlich. Das ist eine schöne Gabe der Natur, aber kaum eine besondere Tugend. Auch ist leider das Glück der jugendlichen Fröhlichkeit meistens recht unbeständig. Die frische, lebendige Natur hält, wie es scheint, den jungen Menschen das Lachen und das Weinen in einem Säcklein bereit.

Bei uns älteren Menschen ist das anders. Die naturhafte Fröhlichkeit blüht nicht mehr so leicht. Aber die naturhafte Trauer auch nicht. Die großen Kämpfe, die zur Jugend gehören, sind gekämpft, und die schwierigen Entscheidungen, die auch zu ihr gehören, sind längst getroffen, so oder so. In geistigen Dingen gibt es freilich weiter zu ringen, solange unser Geist wach bleibt. Aber diese geistigen Bemühungen entfalten sich im Ganzen von einer ruhigeren Basis aus.

Es sind viele Erfahrungen gemacht worden, sie haben sich auf eine seltsame Weise angesammelt im Herzen. Darum lassen wir uns nicht mehr so leicht täuschen vom vergänglichen Zauber des jeweils Aktuellen. Wir haben ja schon vieles dergleichen kommen und auch wieder gehen sehen. Wir haben mit der Zeit auch in einige Hintergründe der klar und einfach scheinenden Worte, die herumgereicht werden, blicken gelernt. Wir fallen also nicht mehr so leicht herein. Und so werden unsere Gedanken oft hintergründiger, vielleicht auch komplizierter und oft auch mißtrauischer als früher.

Manche Körner, die einst in den unruhigen Acker des Herzens geworfen wurden, durften aufgehen und wachsen und reifen und glänzen nun in der herbstlichen Sonne. Anderes freilich blieb auch liegen und kam nicht weiter. Aber auch darüber glänzt jetzt die herbstliche Sonne.

Die Welträtsel konnten wir nicht lösen, das wissen wir nun. Aber sie sind als Rätsel und bisweilen sogar als Geheimnisse deutlicher geworden, und wir können nun ruhiger mit ihnen leben, sie stören uns nicht mehr.

Im leiblichen Haushalt haben wir uns da und dort einschränken müssen. Und das Gedächtnis läßt uns manchmal im ungeschicktesten Moment im Stich. Wir wollen das nicht so recht wahr haben, und darum übernehmen wir uns bisweilen ein wenig. Wir sollten es nicht tun.

Viele uns nahestehende Menschen sind nicht mehr auf dieser unruhigen Welt. Wir haben viele Freunde unter den Toten. Es wird gut so sein. Aber wir sind doch dankbar, daß einige übrig geblieben sind.

Aber noch darf der Geist leben und blühen und sich tätig entfalten für eine gemessene Zeit. Noch dürfen wir, was sich an Gedanken und Erfahrungen angesammelt hat, vor anderen Menschen und für andere Menschen ausschenken wie einen erfrischenden Trank. Und wir können ihnen manchmal ein gutes Licht aufstecken. Es wird von anderer Farbe und Temperatur sein als die Feuer, die wir als junge Menschen abbrannten.

Und da kommt dann manchmal eine seltsame Leichtigkeit und Heiterkeit über uns, und wir wissen zunächst gar nicht woher. Es ist wie ein Geschenk aus unsichtbarer Hand, oder wie das helle Wehen des Flügels eines Engels.

Wir sollten dieses Geschenk, das uns da zuwehte, gut aufnehmen, und wir sollten es hüten, daß es nicht wieder verletzt und ausgelöscht wird. Und wir sollten das unsere tun, es lebendig zu entfalten. Wir sollten schauen, daß das Licht dieser Heiterkeit, dem wir uns mutig und fröhlich zuwenden wollen, beständig werden und bleiben könne. Es kann ganz gut zusammenleben mit ein wenig Melancholie, die wohl auch dazu gehört. Dann glänzt es wie die Sonne in den Dünsten, und das ist dann manchmal besonders schön. Aber das Licht und wir mit ihm, wir müssen uns tapfer durchsetzen gegen jene Art von mürrischer und stumpfer Traurigkeit, die uns manchmal auch überkommen will. Darüber sollte das Licht der Heiterkeit siegen können. Diese Schatten sollten ganz vertrieben werden können.

So könnte sich die Heiterkeit von uns älteren Menschen als eine geschenkte, aber doch unser ganzes Herz und unseren ganzen Mut anfordernde Tugend entfalten. Sie hat eine eigene und nette Art und unterscheidet sich deutlich von der eher naturhaften Fröhlichkeit der Jugend.

Zu dieser Heiterkeit gehört es, daß manches leichter wird, was schwer erschien, und daß man manches leichter nehmen darf, was in seiner Erscheinung furchtbar wichtig tut. Wir wissen ja, wie schnell es vorübergehen wird. Wir haben gelernt, die vordergründigen Wichtigkeiten zu durchschauen. Und so können wir lächeln darüber.

Wir können in dieser Heiterkeit auch unsere eigenen Beschwerden und Beschränkungen ein wenig leicht nehmen und auch darüber lächeln. Wenn es auch fast wie ein kleines Wunder ist, daß man auch darüber lächeln kann.

Und was die Last und den Ernst der Welt angeht, ihre Probleme und ihre Schmerzen und ihren Streit, was ja alles immer noch zu uns gehört, so bleibt dies freilich ernst und bedrückend und ruft auch nach dem Ernst unseres Mitleidens und unseres Helfens. Aber dieser Ernst ist nun, in der Heiterkeit unserer Jahre, doch nicht mehr ganz in sich verschlossen und in sich verbohrt. Er ist vielmehr offen und frei, und so spürt er etwas Lichtes über all diesen Problemen und all diesem Schmerz und all diesem Streit. Und so wagt er es, der Ernst, auch angesichts dessen, was ihn so ernst stimmt, ein wenig zu lächeln. Das tut dem gebotenen Ernst keinen Eintrag. Aber es bewahrt ihn vor der finsteren Sturheit, öffnet ihn ins Freie und macht ihn elastisch und gelenkig. Die Heiterkeit gibt ihm etwas wie eine helle Weisheit auf seinen Weg mit.

So kann in der Heiterkeit der älteren Menschen, wenn sie gelingt, alles leichter und besser werden, sowohl die Last des eigenen Leibes und Lebens wie auch die Last und die Trauer der Welt. Und sie erweist sich immer wieder als ein gutes Gegenmittel gegen alle Erstarrungen, nicht nur gegen die, die das Älterwerden manchmal mit sich bringt, sondern auch gegen die anderen und gefährlicheren, in denen die Menschen manchmal in ihrem Zorn oder in ihrer Trauer oder gar in ihrer Verzweiflung erstarren. Darum sind wir ältere Menschen der Welt diese Gabe unserer Heiterkeit schuldig. Sie schafft gewiß das Traurige und das Böse in der Welt nicht schnell hinweg. Aber sie hilft, es leichter und mit einem helleren und klareren Sinn zu überwinden.

Diese so viele erleichternde Leichtigkeit kommt wie vom Himmel, wie von einem Engel. Kommt sie gar von Gott? Indem wir in diesem Zusammenhang dieses merkwürdige und kurze Wort nennen, Gott, wird uns auffallen, daß wir es eigentlich gar nicht mehr so leicht in den Mund nehmen. Aber was es sagen will, das Unsagbare, wird stiller und größer, und manchmal zeigt es sich ein wenig in der Heiterkeit und rückt näher. Und das ist dann das einzige, was wirklich ernst ist. Und gerade von diesem einzig Ernsten her wird die Welt leichter und heller, einschließlich ihrer Finsternisse.

In diesem Zusammenhang können wir auch sehen, welch großen und kühnen Mut des Glaubens es erfordert, die göttliche Gabe der Heiterkeit durchzuhalten ohne Illusionen und angesichts der Trauer der Welt.

Die Tugend der Heiterkeit, die wir hier meinen, die Fähigkeit des Lächelns über die Unvollkommenheiten der Welt, ist voll von einer stillen Art von Liebe. Denn die Heiterkeit dieses Lächelns ist weit entfernt von allem Hämischen oder Bitteren und auch von aller gedankenlosen Gleichgültigkeit. Und wenn diese Heiterkeit die Welt leicht nimmt, die äußere wie die innere, so liegt in diesem Leicht-Nehmen eine liebende und freundliche Zuneigung. Der Heitere wird es allen Menschen herzlich gönnen zu sein. Und er wird sich gerne freuen mit den Fröhlichen und wird auch immer bereit sein, die Trauernden und Belasteten freundlich zu verstehen und, so gut er kann, zu trösten, sie aus ihrer Trauer aufzurichten zum Licht. Und so wird er ihnen gerne einen Schritt weiter helfen. Eine heitere und liebende Bereitschaft wird in ihm leben, allen nahe zu sein und für alle offen zu sein, besonders für die, die vielleicht Grund haben, traurig oder zornig zu sein: eine heitere und liebenswürdige Dienstbereitschaft nach allen Seiten.

Die liebende Heiterkeit der älteren Menschen wird es meistens mit jüngeren Menschen zu tun haben. Sie wird dabei weit davon entfernt sein, ihnen ihre Jugend und ihre Erfolge nicht zu gönnen. Dies kann freilich manchmal eine Versuchung für uns ältere Menschen sein. Aber der gute heitere Sinn, in dem Liebe glänzt, wird über diese Versuchung hinwegkommen und die jüngeren Leute mit freundlichem Verstehen begleiten und ihnen bisweilen, wenn die Gelegenheit gut ist, einen hilfreichen Rat geben oder sonst ein ermutigendes Helfen.

Und in heiterer, von Liebe erwärmter Freundlichkeit werden wir auch den Gleichaltrigen und den wenigen Älteren begegnen, und besonders ihren Schwächen und

Sonderlichkeiten, die uns ja an ihnen mehr auffallen als an uns selbst.

Mit von Liebe erwärmter Heiterkeit werden wir sogar unserer vielen toten Verwandten und Freunde immer wieder gedenken. Wir werden ihnen das stille Geheimnis ihrer Ruhe gönnen, in die schließlich aller Schmerz und aller Streit des Lebens sich auflöst. Und das ewige Licht, das uns so dunkel erscheint und das wir doch für sie erhoffen dürfen. So werden wir bisweilen heiter, liebend und besinnlich mit ihnen Umgang haben.

Die Liebe, die still und unaufdringlich, aber wach in der wahren Heiterkeit lebt, wird so alles und alle umfassen. Denn sie ist ja in ihrem Tiefsten und Höchsten ein Geschenk und ein Strahl aus jenem selber liebenden Geheimnis, das alles und alle umfaßt, und am meisten die, die am meisten mühselig und beladen sind.

Die gut gereifte, liebende Heiterkeit ist auch immer voll von Zuversicht und Hoffnung. Solche Haltungen wie Zuversicht und Hoffnung erblühen fast von selbst aus ihr. Versuchen wir nur einmal, auf gute, liebende Art fröhlich zu sein, dann werden wir schnell merken, daß das gar nicht geht ohne eine helle, hoffende Zuversicht.

Gewiß hat diese heitere Zuversicht immer wieder zu kämpfen gegen die Angst, die sich ja auch umtreibt in unserem Herzen. Darum ist auch nach dieser Seite hin die Heiterkeit und ihre Hoffnung nicht selbstverständlich. Sie ist gerade auch gegenüber der Angst ein besonderes Gottesgeschenk, auf das wir uns auch mit einem besonderen Mut einlassen müssen. Also wirklich eine Tugend. Sie kann siegen über die Angst und ihre Mächte, aber es ist niemals ganz leicht. Aber die Sonne, nehmen wir nochmals dieses Bild, geht auch bisweilen über den Nebeln auf, mit denen sie kämpft, und sie zerstreut sie dann schließlich.

Die Hoffnung der Heiterkeit fällt, sofern sie ernst und gereift ist, auch nicht in den Leichtsinn, sich zu täuschen über die irdischen Möglichkeiten, die uns bleiben. Wir wissen ja schon: unsere Jahre gehen zur Neige. Noch sind zwar unsere Gedanken und Antriebe lebendig. Aber doch nicht mehr grenzenlos. Und wir wissen auch, daß die Beschwerden des Älterwerdens wachsen werden, kaum merklich vielleicht, aber stetig.

Und trotz alledem ist es uns bisweilen gegeben, heiter zu sein und in der Heiterkeit zuversichtlich. Und wir wollen auch den Mut aufbringen, dies wirklich zu erfassen. Dann werden wir sehen: für diese Art von Heiterkeit wiegt auch das Wachsen der Schatten und das Näherkommen dessen, was uns wie Nacht erscheint, nicht allzuschwer.

In diesem heiligen Leichtsinn der Altersheiterkeit lebt etwas Göttliches, und sie ist erfüllt von einer ihr eigentümlichen Frömmigkeit. Eine Frömmigkeit, die über Leiden und Dunkel und Tod hinwegblicken kann ins unsichtbare Licht. Von jenem Licht ist sie ein Strahl, und darum kann sie glänzen wie ein Stern am Abend.

Darum ist diese Heiterkeit, sofern sie echt ist, auch so etwas wie ein Engel. Und es ist, wie wenn er sagte: Fürchte Dich nicht! Mag kommen, was will, es wird aus Gottes Hand kommen und in Gottes Herz führen. Dort ist der verborgene Quell des Lichtes, das auch das Dunkle hell und heiter macht. Fürchte Dich nicht!

In diesem Sinn ist die Heiterkeit von uns Senioren eine große und schöne und auch christliche Tugend.

Augustin hat sie einmal in einer Predigt in einem guten und knappen Wort ausgesprochen: Canta et ambula. Singe, und geh deines Weges (Sermo 256, 3. P. L. 38, 1193).

Bernhard Welte, in: Nr. 1308

Freude tropft von den Bergen

Großer Geist,
ich freue mich,
denn aus den Tälern und Schluchten
wird Glück zu mir kommen.
Von den glatten Steinen
des heiligen Berges
tropft Freude herunter.
Von der Hütte
kommt Licht und Wärme –
umstrahlt von der Sonne.
Von den Felsen träufelt Wohlwollen;
beglückendes Echo
kommt von den Wänden der Täler.
Der Wind bringt Wärme,
die Vögel lauschen seinem Gesang.
Ich will meine Füße baden im Tau,
will mich durchdringen lassen
von allem, was da ist.
Mit den Sonnenstrahlen
kommt Freude in mein Herz.
Alles wird gut,
alles wird schön werden.
Großer Geist, hörst du mein Lied?

Nach einem Text der Navajo-Indianer/USA

Aus Nr. 1519

Autoren- und Quellenverzeichnis

Zu Seite 11:
P. Josef Imbach ist Professor für Fundamentaltheologie und Grenzfragen zwischen Literatur und Theologie an der Päpstlichen theologischen Fakultät S. Bonaventura in Rom. Er veröffentlichte mehrere Bücher über aktuelle Glaubensfragen. Der hier abgedruckte Text ist seinem Herder-Taschenbuch Nr. 1561 „Mehr Freude! Christsein heißt Frohsein" entnommen. Im Sommer 1989 erscheint als nächstes Taschenbuch „Wo uns Gott begegnen kann. Glaube aus Erfahrung" (Nr. 1617).

Zu Seite 16:
Josef Anselm Adelmann von Adelmannsfelden ist der Stuttgarter Rundfunkpfarrer. Seine Morgenpredigten sind weit über das Sendegebiet hinaus bekannt. Die beliebtesten Funkbeiträge hat er in mehreren Herder-Taschenbüchern veröffentlicht. Der hier abgedruckte Text stammt aus dem Taschenbuch „Wenn ich den Regenbogen sehe" (Nr. 1290). Außerdem sind von ihm lieferbar: „Gottes Sonne 1 × täglich" (Nr. 603) und „Atemholen beim lieben Gott" (Nr. 917). Im Paperback ist erschienen: „Vitamine fürs Herz".

Zu Seite 19:
Hartmut Müller, Dr. phil., studierte Germanistik, Geschichte, Anglistik und Philosophie und ist jetzt freier Verlagsmitarbeiter. Viele Sammelbände und Beiträge stammen von ihm. Der hier abgedruckte Text ist seinem Herder-Taschenbuch „Lacht nur, Menschen, lacht! Heitere, kuriose und drastische Predigten aus alter Zeit" (Nr. 1591) entnommen.

Zu Seite 22:
Karl Heinz Pfeiffer ist kirchlicher Hörfunk- und Fernsehbeauftragter beim Saarländischen Rundfunk und beim Südwestfunk und Filmreferent des Bistums Trier. Seit 1983 ist er auch Gemeindepfarrer in Saarbrücken-Bübingen, wo er lebt. Er plädiert seit vielen Jahren – inzwischen in vielen Herder-Taschenbüchern – für mehr Menschlichkeit, Frohsinn und Humor in der Kirche. Der hier vorliegende Text ist seinem Taschenbuch Nr. 1247 „Da schwamm die Arche, kunterbunt ... Humor in der Bibel" entnommen. Außerdem sind zur Zeit von ihm als Herder-Taschenbuch lieferbar: „Auf ein Wort, liebe Kirche! Briefe an kritisch-fröhliche Christen" (Nr. 1084); „Mit himmlisch-heiteren Grüßen. Heilige schreiben an irdische Adressaten" (Nr. 1333); „In Gott verbunden. Aus dem Le-

ben heiliger Liebespaare“ (Nr. 1511) und „Heilige mit Schönheitsfehlern. Aus der Chronik des Teufelsadvokaten“ (Nr. 1586).

Zu Seite 26:
Dr. Alfred Schilling war zuletzt Pfarrer im Bistum Limburg und lebt jetzt im Ruhestand im Odenwald. Er ist Autor zahlreicher, vor allem liturgischer Veröffentlichungen. Im Herder Taschenbuch Verlag hat er bisher drei Taschenbücher veröffentlicht: „Evangelium von einem Menschen. Szenen aus dem Leben Jesu“ (Nr. 1357), aus dem der hier abgedruckte Text stammt; „Geschichten Jesu – weitererzählt“ (Nr. 1513) und „‚Verstehst du auch, was du liest?‘ Vom rechten Umgang mit der Bibel“ (Nr. 1585).

Zu Seite 31:
Der Text stammt aus dem Taschenbuch von Karl Heinz Pfeiffer: „Da schwamm die Arche, kunterbunt ...“ (Nr. 1247).

Zu Seite 36:
Der Text stammt aus dem Herder Taschenbuch Nr. 917 von Josef Anselm Adelmann „Atemholen beim lieben Gott“ (Nr. 917).

Zu Seite 40:
Der Text stammt aus dem Taschenbuch von Karl Heinz Pfeiffer: „Da schwamm die Arche, kunterbunt ...“ (Nr. 1247).

Zu Seite 44:
Der Text stammt aus dem von Hartmut Müller herausgegebenen Buch „Lacht nur, Menschen, lacht!“ (Nr. 1591).

Zu Seite 45:
Dieser Text stammt ebenfalls aus dem Herder-Taschenbuch Nr. 1591.

Zu Seite 47:
Dieser Text stammt aus dem heiteren Sammelband „Schinken, Schnaps und Gottesfurcht. Heitere Schnurren und deftige Schwänke aus Westfalen“ (Nr. 1135). Der längst verstorbene Bernd Schmitz hat sie gesammelt und in Münsterländer Platt erzählt. Dieses Taschenbuch ist eine ins Hochdeutsche übertragene Fassung, die immer noch zum Schmunzeln und Lachen veranlaßt.

Zu Seite 48:
Klaus Hollmann ist Mitarbeiter des Sonntagsblattes für das Erzbistum Paderborn „Der Dom“ und lebt in Paderborn. Der Text stammt aus dem Herder Taschenbuch Nr. 1300 „Sonntag ist – na und?“, in dem die besten Beiträge zum Thema „Sonntag“ aus verschiedenen Bistumsblättern der Bundesrepublik enthalten sind.

Zu Seite 52:
ADALBERT LUDWIG BALLING ist Mariannhiller Missionar. Er war bis 1965 in der Rhodesien/Simbabwe-Mission tätig. 1965/66 erfolgte eine Ausbildung zum Journalisten in Deutschland, Redaktion des Missionsmagazins „mariannhill" (mmm), Informationsreisen auf allen Erdteilen. P. Balling lebt in Köln. Er ist Verfasser zahlreicher Publikationen (Gesamtauflage weit über 900 000). Der hier abgedruckte Text stammt aus dem zusammen mit Werner Bleyer herausgegebenen Taschenbuch „Dank für alles Gute" (Best. Nr. 21 307). Außerdem sind von ihm als Taschenbuch bei Herder lieferbar: zusammen mit WERNER BLEYER „Liebe wärmt wie Sonnenschein" (Best. Nr. 20 784); „Wo das Glück zu Hause ist" (Best. Nr. 20 508); „Wenn die Freude Flügel hat" (Best. Nr. 20 224) und „Morgen scheint die Sonne wieder" (Best. Nr. 21 021).
Zusammen mit P. JOSEPH HOPFGARTNER: „Für wen gehst Du? Ordensleute berichten über ihre Berufung" (Herder-Taschenbuch Nr. 1 325) und „Es gibt viele Wege zu Gott. Ordensfrauen berichten über ihre Berufung" (Nr. 1581).
Viele weitere Kurzmeditationen und heitere Taschenbücher von Adalbert Ludwig Balling sind im Herder Taschenbuch Verlag lieferbar.

Zu Seite 53:
Dieser Text stammt aus dem Taschenbuch von P. ADALBERT LUDWIG BALLING „Gottes Haustür steht immer offen. Minuten-Meditationen" (Nr. 1159).

Zu Seite 55:
Dieser Bericht ist enthalten in dem von ADALBERT LUDWIG BALLING und JOSEPH HOPFGARTNER herausgegebenen Band „Es gibt viele Wege zu Gott. Ordensfrauen berichten über ihre Berufung" (Nr. 1581).

Zu Seite 59:
Der Herder Taschenbuch Verlag hat sich seit vielen Jahren das Ziel gesetzt, besonders den Humor rund um den Kirchturm etwas bekannter zu machen. Viele Taschenbücher zu diesem Thema sind inzwischen lieferbar, zum Beispiel von Adalbert Ludwig Balling „Unser Pater ist ein großes Schlitzohr" (Nr. 1045); Willi Fährmann „Der Hirschhornknopf im Klingelbeutel" (Nr. 1314): Henri Fesquet „Ich bin ja nur der Papst" (Nr. 377); Johannes Harder „Und der Himmel lacht mit" (Nr. 927); Gerd Heinz-Mohr „Der lachende Christ" (Nr. 1517); Johannes B. Lotz „Lachen ist eine Gabe Gottes" (Nr. 999); Karl Rauch und C. M. Schröder „Fröhlichkeit und Frömmigkeit" (Nr. 698); Werner Schaube „Lieschen M. und Mutter Kirche" (Nr. 1323) und Herbert Sinz „Don Camillos rheinische Brüder" (Nr. 1296).

Aus der Redaktion der Herder Taschenbücher stammt ebenfalls der heitere Sammelband „Glücklich lebt, wer Spaß versteht. Heitres rund um den Kirchturm", gebundene Ausgabe, herausgegeben von Leonie Höhren.

Zu Seite 62:
Hans Dieter Schelauske ist seit 1980 Oberpfarrer am St.-Quirinus-Münster in Neuss. Neun Jahre lang war er kirchlicher Rundfunkbeauftragter für die Kölner Sender: Westdeutscher Rundfunk, Deutschlandfunk und Deutsche Welle. Die beliebtesten seiner Rundfunkbeiträge sind in seinem ersten Herder-Taschenbuch „Ich hab' da eine Frage. Glaubenshilfen für das Leben" (Nr. 1554) gesammelt, aus dem dieser Text entnommen ist.

Zu Seite 64:
Ulrich Bach ist evangelischer Pastor in den Orthopädischen Anstalten Volmarstein (Ruhr) und Dozent an der Diakonenanstalt Martineum (Volmarstein, dann Witten). Das hier abgedruckte Gebet stammt aus seinem Herder-Taschenbuch „Hosianna bei Gegenwind. Versuche zu beten" (Nr. 1292). Außerdem ist von ihm als Herder-Taschenbuch lieferbar: „Kraft in leeren Händen. Die Bibel als Kursbuch" (Nr. 1023).

Zu Seite 65:
Dieser Text stammt aus dem zusammen mit der Bistumspresse der Bundesrepublik herausgegebenen Sammelband „Wo nehmen wir die Vorbilder her?" (Nr. 1377).

Zu Seite 69:
Professor Hans Maier war von 1970 bis 1988 Bayerischer Staatsminister für Unterricht und Kultus; seit 1988 hat er an der Münchner Universität den Lehrstuhl für Christliche Weltanschauung, Religions- und Kulturtheorie inne. Seine kleinen „Streiflichter zur Zeit" – die er zum größten Teil zuerst im „Münchner Merkur" veröffentlichte – sind seit vielen Jahren eine beliebte Anregung zum Nachdenken und Plaudern. Der hier abgedruckte Text stammt aus seinem Herder-Taschenbuch „Hilfe, ich bin normal!" (Nr. 914).

Zu Seite 71:
Der Text stammt aus dem Taschenbuch „Mit himmlisch-heiteren Grüßen. Heilige schreiben an irdische Adressaten" (Nr. 1333) von Karl Heinz Pfeiffer.

Zu Seite 75 u. 78:
Diese Texte stammen aus dem Band „Wenn ich den Regenbogen sehe. Zeichen der Zuversicht" (Nr. 1290) von Josef Anselm Adelmann.

Zu Seite 80–82:
Diese Gebete stammen aus dem von ADALBERT LUDWIG BALLING herausgegebenen Band mit Kindergebeten: „Lieber Gott, du bist prima. Kinderwünsche und -gebete“ (Nr. 1209).

Zu Seite 83:
Dieser Text stammt aus dem von ADALBERT LUDWIG BALLING herausgegebenen Taschenbuch „Atempause für die Seele. Minuten-Meditationen“ (Nr. 1519) mit Gebeten aus der Dritten Welt.

Zu Seite 84:
BRUNO HORST BULL lebt in München. Er hat seit 1964 mehr als 70 Kinder- und Jugendbücher veröffentlicht, außerdem zahlreiche Sammelbände herausgegeben, von denen sich etliche nicht nur an Kinder, sondern auch an Eltern und andere Erwachsene wenden. Die hier abgedruckten Texte stammen aus seinem Herder-Taschenbuch „Bist Du der liebe Gott? Kinderanekdoten aus der Kirche“ (Nr. 968).

Zu Seite 90:
Dieser Text stammt ebenfalls aus dem Taschenbuch „Ich hab' da eine Frage“ (Nr. 1554) von HANS DIETER SCHELAUSKE.

Zu Seite 93:
Der Text ist dem Taschenbuch von JOSEF ANSELM ADELMANN „Gottes Sonne 1 × täglich“ (Nr. 603) entnommen.

Zu Seite 96:
ALOIS STIEFVATER war viele Jahre Kolpingpräses und Männerseelsorger der Erzdiözese Freiburg; bis zu seinem Tode im Jahre 1986 war er der Altenseelsorger dort. Die hier abgedruckten Zitate sind seinem Herder-Taschenbuch „Zum täglichen Gebrauch. Worte, die weiterhelfen“ (Nr. 1213) entnommen; außerdem ist von ihm noch lieferbar: „Von Tag zu Tag ein frohes Wort“ (Nr. 891).

Zu Seite 98:
BERNHARD WELTE (1906–1983) war Professor für Christliche Religionsphilosophie in Freiburg/Br. Der Text stammt aus dem von ihm und Karl Rahner herausgegebenen Sammelband „Mut zur Tugend. Von der Fähigkeit, menschlicher zu leben“ (Nr. 1308).

Zu Seite 105:
Der Text ist dem Taschenbuch von ADALBERT LUDWIG BALLING „Atempause für die Seele. Minuten-Meditationen“ entnommen (Nr. 1519).

Glaubens- und Lebenshilfe im Taschenbuch

WIE KÖNNEN WIR GLAUBEN?

Glauben – geht das noch?

Biser, Eugen: **Glaubenswende.** Nr. 1392
Eine Hoffnungsperspektive
–: **Glaube nur!** Nr. 800
Die entscheidende Glaubensbegründung: Gott selbst ist der Anfang unseres Christseins.
Deissler, Alfons: **Biblisch glauben!** Nr. 994
Wie wir im Umgang mit Gottes Wort in der Bibel den christlichen Glauben wiedergewinnen.
Guardini, Romano: **Glaubenserkenntnis.** Nr. 1008
Rahner, Karl / Weger, Karl-Heinz: **Was sollen wir noch glauben?** Nr. 700
Zwei bekannte Theologen stellen sich den Glaubensfragen einer neuen Generation.
Weger, Karl-Heinz: **„Wozu sind wir auf Erden?"** Nr. 1590
Die christliche Antwort auf die alte Katechismus-Frage überzeugt nach wie vor.
–: **Gott hat sich offenbart.** Nr. 946
Wie Offenbarung sich vollzieht und sich in unserer Zeit darstellt.
Wer glaubt, denkt weiter. Nr. 550
Ein Briefkurs für fragende Menschen, herausgegeben von Helmut Thielicke und seiner Projektgruppe Glaubensinformation.

Was wir im Glauben bekennen

Adler, Gerhard: **Erinnerungen an die Engel.** Nr. 1245
Für die Theologie der Gegenwart sind Engel kein Thema, aber erwartet der Mensch unserer Zeit nicht oft geradezu ihre Wiederentdeckung?
Hemmerle, Klaus (Hrsg.): **Sag mir, was du glaubst.** Nr. 1118
12 Bischöfe der Weltkirche über ihre persönliche Beziehung zu Artikeln des Glaubensbekenntnisses.
Schwarz, Hans: **Verstehen wir das Glaubensbekenntnis noch?** Nr. 1256

Schwarz, Hans / Sturm, Wilhelm: **Zehn Zeichen am Wege.** Nr. 1101
Die Zehn Gebote – Anleitungen für ein menschenwürdigeres, ein sinnerfülltes Leben.

Staudinger, Hugo / Schlüter, Johannes: **An Wunder glauben?** Nr. 1258
Gottes Allmacht und moderne Welterfahrung – wie ist das vereinbar?

Christsein in der Entscheidung

Mangoldt, Ursula von: **Sollen wir auf einen anderen warten?** Nr. 1367
Moderne Heilsversprechungen (Versenkung, Esoterik, Jugendreligionen) – konfrontiert mit den Wahrheiten des Christentums.

Schelauske, Hans Dieter: **Ich hab' da eine Frage.** Nr. 1554
Der bekannte Rundfunk-Pfarrer zu konkreten Fragen des täglichen Lebens, die viele Christen immer wieder bewegen.

Schmidt, Gudrun: **Yoga oder Jesus?** Nr. 1366
Nicht bei den berühmten Gurus, die sie in Indien suchte, sondern bei Mutter Teresa und in der Arbeit ihrer Schwestern fand die WDR-Redakteurin die Wahrheit eines sinnvollen Lebens.

Wer wird das Antlitz der Erde erneuern? Nr. 1000
Autoren des Herder Taschenbuch Verlages berichten über ermutigende Spuren des Geistes in unserer Zeit.

Theologische Nachschlagewerke

Lexikon christlicher Kunst. Nr. 1364
In über 1000 Stichworten Auskunft über Themen, Gestalten, Symbole. Mit 300 Abbildungen.

Müller, Max / Halder, Alois: **Philosophisches Wörterbuch.** Nr. 1579
Ein unentbehrliches Nachschlagewerk für alle Theologie-Studenten, jetzt in völlig revidierter Neuausgabe.

Rahner, Karl / Vorgrimler, Herbert: **Kleines theologisches Wörterbuch.** Nr. 557

Rahner, Karl / Vorgrimler, Herbert: **Kleines Konzilskompendium.** Nr. 270
Sämtliche Texte des Zweiten Vatikanums.

Weger, Karl-Heinz (Hrsg.): **Argumente für Gott.** Nr. 1393
Ein Autoren-Lexikon über Gott-Denker von der Antike bis zur Gegenwart, ihr Leben, ihr Werk, ihr Fortwirken.

–: **Religionskritik von der Aufklärung bis zur Gegenwart.** Nr. 716
Erstmals ein lexikalischer Gesamtüberblick über die neuere Religionskritik in ihren führenden Vertretern und Schulen.

DIE BIBEL – EIN BUCH MIT SIEBEN SIEGELN?

Verstehen wir die Bibel noch?

Graff, Michael: **Mein Markus.** Nr. 1566
Das Markusevangelium, gegen die vertraute Blickrichtung gelesen – eine Neuentdeckung für Christen.

Helfmeyer, Franz-Josef: **Gottes Bund ist nicht gekündigt.** Nr. 988
Die Geschichte des Gottes-Bundes – die Geschichte von Gottes Treue und Gerechtigkeit, auch für uns Menschen heute!

Kemmer, Alfons: **Gleichnisse Jesu.** Nr. 875
Die Bibelwissenschaft macht es möglich, die Gleichnisse zurückzugewinnen und ihren Ur-Sinn zu erschließen.

–: **Das Glaubensbekenntnis in den Evangelien.** Nr. 1166
Eine Einführung in die biblischen Ursprünge des Credo.

Nestle, Dieter: **Die Ursprünge des Neuen Testaments.** Nr. 1054
In welche Lebenserfahrung hinein wurde das Neue Testament geschrieben, und was bedeutet das für den Leser heute?

Pesch, Rudolf: **Das Evangelium der Urgemeinde.** Nr. 748
In subtiler Arbeit rekonstruiert der Neutestamentler die Passionsgeschichte, das Evangelium der Urgemeinde, aus dem Markus-Text. Mit Erläuterungen.

Ronai, Alexander / Wahle, Hedwig: **Das Evangelium – ein jüdisches Buch?** Nr. 1298
Eine Einführung in die jüdischen Wurzeln des Neuen Testaments.

Schilling, Alfred: **„Verstehst du auch, was du liest?"** Nr. 1585
Wie man die Bibel verstehen soll. Textauslegungen in Beispielen.

Schwarz, Hans: **Die biblische Urgeschichte.** Nr. 1608 (erscheint im April '89)
Ein Appell für ein christliches Schöpfungsverständnis und ein Aufruf an unsere Verantwortung für die Schöpfung.

–: **Christsein ist möglich.** Nr. 1358
Die Bergpredigt ist kein politisches Programm, sondern ein Aufruf zur Erneuerung unseres Lebens.

Westermann, Claus: **Schöpfung.** Nr. 1630 (erscheint im August '89)
Der Schlüssel zum Verständnis des Schöpfungsberichts liegt nicht in der Entmythologisierung, sondern in einem neuen Verständnis mythologischer Überlieferungen.

Paulus – neu gesehen

In dieser Reihe hat Rudolf Pesch die ursprünglichen Apostelbriefe aus den neutestamentlichen Schriften rekonstruiert und damit in ihrer Bedeutung für das christliche Gemeindeleben neu erschlossen.

Pesch, Rudolf: **Die Entdeckung des ersten Paulus-Briefes.** Nr. 1167
Die Briefe an die Gemeinde der Thessalonicher.

Paulus und seine Lieblingsgemeinde. Nr. 1208
Drei Briefe an die Heiligen von Philippi.

Paulus ringt um die Lebensform der Kirche. Nr. 1291
Vier Briefe an die Gemeinde Gottes in Korinth.

Paulus kämpft um sein Apostolat. Nr. 1382
Drei weitere Briefe an die Gemeinde Gottes in Korinth.

Die Bibel – Heilkraft des Lebens

Bach, Ulrich: **Kraft in leeren Händen.** Nr. 1023
Die Bibel als Kursbuch: Erfahrungen eines Pfarrers.

Baumann, Rolf: **„Gottes Gerechtigkeit" – Verheißung und Herausforderung für diese Welt.** Nr. 1643 (erscheint im Mai '89)
Gott hat jeden Menschen unwiderruflich bejaht, gleichgültig, wo er steht. Seine Gerechtigkeit steht im Widerspruch zu dem schreienden Unrecht, das in dieser Welt geschieht.

Braselmann, Werner (Hrsg.): **Lebensweisheit aus der Bibel.** Nr. 1191
AT und NT, gelesen als Bücher konkreter Lebenserfahrung.

Lohfink, Norbert: **Unsere neuen Fragen und das Alte Testament.** Nr. 1594
Eine faszinierende Entdeckungsreise ins AT.

Meves, Christa: **Die Bibel antwortet uns in Bildern.** Nr. 461
Aus der Erfahrung der Tiefenpsychologin öffnet Christa Meves neue Zugänge zur Bildsprache der Bibel.

Pfeiffer, Karl Heinz: **Da schwamm die Arche, kunterbunt …** Humor in der Bibel. Nr. 1247

Schilling, Alfred: **Geschichten Jesu – weitererzählt.** Nr. 1513
Die unabgeschlossene Offenheit der Geschichten Jesu verlockt geradezu zum Weiterdenken und Weitererzählen – in unsere Zeit und unsere Fragen hinein.

Spiecker, Kyrilla: **Mit Gott im Wort.** Nr. 1555
Große Gestalten der Bibel als lebensvolle Lehrer des Betens für Menschen – auch unserer Zeit.

JESUS CHRISTUS – UNSER WEG

Wer ist Jesus Christus?

Biser, Eugen (Hrsg.): **Jesus für Christen.** Nr. 1157
Das unerhörte Ereignis: Gott selbst hat in Jesus unsere Konflikte auf sich genommen.

–: **Er ist unser Friede.** Nr. 1092
Der Mensch ist nur begrenzt friedensfähig, Jesus schafft den Raum für Geborgenheit und Gewaltverzicht.

Fries, Heinrich: **Kam Jesus nicht zu allen?** Nr. 1132
Der kirchliche Jahreskreis spiegelt die wichtigsten Stationen im Wirken und Leben Jesu.

Guardini, Romano: **Der Herr.** Nr. 813
Das Hauptwerk Guardinis über Leben und Person Jesu Christi.

Kutschki, Norbert (Hrsg.): **Ein wahrer Mensch.** Nr. 1376
Bekannte Theologen gehen den menschlichen Zügen im Leben Jesu nach.

Pesch, Rudolf: **Der Prozeß Jesu geht weiter.** Nr. 1507
Was weiß die Bibelwissenschaft heute über die Vorgänge zwischen Palmsonntag und Karfreitag – über die Leidenstage Jesu?

Rosenberg, Alfons: **Verborgene Worte Jesu.** Nr. 857
Eine Sammlung der Jesus-Worte.

Schilling, Alfred: **Evangelium von einem Menschen.** Nr. 1357
Die Evangelisten überlieferten nicht nur den „Jesus des Glaubens", sondern berichten auch vom Menschen Jesus.

Vorgrimler, Herbert: **Jesus – Gottes und des Menschen Sohn.** Nr. 1107
Jesus war ganz Sohn des Vaters und ganz Sohn dieser Welt – aber was heißt das für unseren Glauben?

Nachfolge Christi heute

Grothues, Dirk: **Kehren die Propheten wieder?** Nr. 1568
Was wäre das Christentum ohne Christen, denen der Pfingstgeist die Zunge löst? Charismatische Gestalten und Bewegungen in Geschichte und Gegenwart.

Hommel, Gisela: **Frauen wie Debora.** Nr. 1316
Gestalten aus der Geschichte des Glaubens, von Esther im AT bis Coretta King, bezeugen die menschliche Kraft des Glaubens.

Huber, Hermann J.: **Gott spielt mit.** Nr. 1372
Das Showgeschäft – ein gottloses Gewerbe? Bekannte Film- und Fernsehstars berichten über ihren Glauben.

Klempnauer, Günther: **Was allen Einsatz lohnt.** Nr. 1133
Gespräche mit international bekannten Sportstars, die sich der Sinn- und Gottesfrage verpflichtet fühlen.

Köhler, Oskar: **Als Petrus anfing, zu ertrinken.** Nr. 1395
Der Zwischenfall am See Genezareth – ein Gleichnis für die Glaubensnot unserer eigenen Zeit?

Lange, Martin / Iblacker, Reinhold (Hrsg.): **Christenverfolgung in Südamerika.** Nr. 770

Frère Leonard, Taizé: **Wohin die Hoffnung führt.** Nr. 1261
In kleinen brüderlichen Gemeinschaften zwischen New York und San Francisco hat die Zukunft des Christentums schon begonnen.

Meves, Christa: **Der alte Glaube und die neue Zeit.** Nr. 1541
Sind die Kirchen in Gefahr, dem Zeitgeist zum Opfer zu fallen?

von der Schulenburg, Tisa: **Ich hab's gewagt.** Nr. 874
Bildhauerin und Ordensfrau – ein unkonventionelles Leben.

WAS SAGEN UNS HEILIGE UND MYSTIKER?

Vom Umgang mit Heiligen

Gottes Freunde – Unsere Freunde. Nr. 1250
Bekannte Autoren des Herder Taschenbuch Verlages berichten, was Heilige in ihrem persönlichen Leben bedeuten.

Nigg, Walter: **Die stille Kraft der Legende.** Nr. 924
Welche innere Erfahrung spricht aus den alten Heiligen-Legenden?

Pfeiffer, Karl Heinz: **In Gott verbunden.** Nr. 1511
Aus dem Leben großer, heiliger Männer und Frauen.

–: **Heilige mit Schönheitsfehlern.** Nr. 1586
Was der Teufelsadvokat, der Gegenspieler im Kanonisierungsprozeß, zu bekannten Heiligen anzumerken hat. Eine humorvolle Chronik – über die „Menschlichkeit" der Heiligen.

Heilige der frühen Kirche

Antonius der Große: **Rückkehr ins Paradies.** Nr. 1625 (erscheint Juni '89)
Lebensweisung des großen Wüstenheiligen für unsere Zeit.

Beinert, Wolfgang / Hoeren, Jürgen (Hrsg.): **„Dein leuchtend Angesicht, Maria ..."** Nr. 1565
Prominente Theologen zeichnen das Bild der Mutter Jesu in der Glaubensgeschichte, vom NT bis in die Gegenwart.

Biser, Eugen: **Paulus für Christen.** Nr. 1219
Vieles von dem, was uns heute bewegt, hat der große Apostel des Christentums bereits in seine Botschaft aufgenommen.
Sartory, Gertrude und Thomas: **Maria von Ägypten – Allmacht der Buße.** Nr. 977

Mystiker und Gotteskünder

Franz von Assisi: **Gelebte Armut.** Nr. 630
Aus dem Leben des Poverello, für den Besitzlosigkeit Befreiung war.
Franz von Sales: **Feuer und Tau.** Nr. 1294
Der heilige Bischof von Genf – ein charismatischer Seelen-Führer, auch für uns.
Lorenz, Erika: **Ins Dunkel geschrieben.** Nr. 1505
Das Leben des Johannes vom Kreuz.
–: **Ein Pfad im Wegelosen.** Nr. 1307
Die innere Biographie der großen Mystikerin Teresa von Avila.
Nigg, Walter: **Lehrmeister der Christenheit in verwirrter Zeit.** Nr. 871
Das Lebensporträt zweier Kirchenlehrer: Benedikt von Nursia und Katharina von Siena.
Nikolaus von Flüe: **Erleuchtete Nacht.** Nr. 852
Die Visionen des Schweizer Mystikers und Politikers, meditiert von Margrit Spichtig.
Teresa von Avila: **„Ich bin ein Weib – und obendrein kein gutes".** Nr. 920
Ein Porträt der Heiligen in ihren Texten, zusammengestellt und eingeleitet von Erika Lorenz.

Glaubenszeugen für heute

Balling, Adalbert Ludwig / Abeln, Reinhard: **Speichen am Rad der Zeit.** Nr. 1241
Das Schicksal des Paters Engelmar, der sich im KZ-Dachau, ähnlich wie Maximilian Kolbe, für die Mitgefangenen opferte.
Balling, Adalbert Ludwig: **Der Trommler Gottes.** Nr. 1123
Das abenteuerliche Leben des Trappisten Franz Pfanner.
Gosselke, Josepha: **Mit Mutter Teresa unterwegs.** Nr. 1013
Begegnungen und Gespräche mit der Friedensnobelpreisträgerin.
King, Martin Luther: **Ein Traum lebt weiter.** Nr. 1285
Stein, Edith: **Im verschlossenen Garten der Seele.** Nr. 1359
Die leidenschaftliche Philosophin war auch eine große Mystikerin, wie diese „Texte zum Nachdenken" bezeugen.

Große Gestalten der ungeteilten Christenheit

Loewenich, Walther von / Manns, Peter: **Luther für Christen.** Nr. 1249
Eine Herausforderung, sich ungeschützt und unvoreingenommen auf die geistliche Gewalt der Botschaft Luthers einzulassen.

Manns, Peter: **Martin Luther.** Nr. 1188
Ein Lebensbild des unbekannten Reformators in mitreißender Sprache.

SPRICHT GOTT MIT UNS?

Meditationserfahrungen

Enomiya-Lassalle, Hugo M.: **Kraft aus dem Schweigen.** Nr. 1528
Unter der Anleitung dieses erfahrenen Meisters führt der ZEN-Weg zur Erkenntnis des wahren Selbst.

–: **ZEN – Weg zur Erleuchtung.** Nr. 1368
Das klassische Buch der ZEN-Einführung, das Tausenden von Lesern einen Zugang zum meditativen Leben erschlossen hat.

Goettmann, Alphonse und Rachel: **Meditieren im Atem Gottes.** Nr. 1618 (erscheint im September '89)
Ein Übungsweg, der den Leib einbezieht in die christliche Tiefenerfahrung.

Kemmer, Alfons: **Wir dürfen mit Gott sprechen.** Nr. 1028
Beten – Ausbruch aus der Einsamkeit des menschlichen Lebens.

Luther, Martin: **Amen – das Weitere findet sich.** Nr. 1597
Immer wieder hat der Reformator das Herren-Gebet meditiert und für das tägliche Leben ausgelegt.

de Osuna, Francisco: **Versenkung.** Nr. 938
Der geistliche Vater der Teresa von Avila eröffnet Zugänge zu einem tiefen Gebet (hrsg. von Erika Lorenz).

Sartory, Gertrude und Thomas: **Die Meister des Weges in den großen Weltreligionen.** Nr. 847
Der Weg nach innen, der Weg nach oben bedarf in allen Religionen des kundigen Seelenführers.

Tilmann, Klemens: **Weg in die Mitte.** Nr. 906
Einübung in die christliche Glaubensmeditation.

Wolff, Kurt: **Vergeben steht uns gut zu Gesicht.** Nr. 1595
Mit „Zwischenrufen", in Erzählungen zu Evangelientexten, Meditationen und persönlichen Erfahrungen, weckt der Autor ein vertieftes Verständnis des Vaterunser-Gebetes.

Das Geschenk der Erleuchtung

Carretto, Carlo: **Gott ist unterwegs zu uns.** Nr. 753
Das hat der Autor in der Einsamkeit der Wüste erfahren.
Dionysius Areopagita: **Ich schaute Gott im Schweigen.** Nr. 1221
Eine meditative Erschließung seiner Schriften, die für Mystiker aller Zeiten eine unerschöpfliche Quelle der Inspiration waren.
Frossard, André: **Gott existiert.** Nr. 435
Ein bekannter französischer Publizist wird überwältigt von der plötzlichen Gottesvision.
Llull, Ramon: **Die Kunst, sich in Gott zu verlieben.** Nr. 1198
Die erste Begegnung mit dem „Troubadour Gottes", der seine großen Ideen in mystischen Visionen empfing.
Mechthild von Magdeburg: **Ich tanze, wenn du mich führst.** Nr. 1549
Zum ersten Mal in deutscher Sprache schilderte Mechthild das Liebesgeschehen zwischen Gott und der Seele.
Walter, Rudolf (Hrsg.): **Die hundert Namen Gottes.** Nr. 1229
Die von alters her überlieferten „Attribute Gottes" als Tore zum letzten Geheimnis seiner Zuwendung.

Gotteserfahrung im Alltag

Bach, Ulrich: **Hosianna bei Gegenwind.** Nr. 1292
Wir dürfen mit Gott wie mit einem Freund sprechen.
Cassian, Johannes: **Spannkraft der Seele.** Nr. 839
–: **Aufstieg der Seele.** Nr. 945
–: **Ruhe der Seele.** Nr. 1032
Der Mönchsvater des Abendlandes gab in seinen Unterredungen eine bis heute gültige Einweisung in das christliche Leben.
Lebenshilfe aus der Wüste. Nr. 763
Die Seelen Heilkunde der alten Mönchsväter führt tiefer als die moderne Psychotherapie.
Imbach, Josef: **Mehr Freude!** Nr. 1561
Der Autor zeigt an konkreten Beispielen des NT, wie sehr Jesus seine Freunde zur Heiterkeit des Herzens und Freude an seiner Botschaft ermutigt hat.
–: **Wo uns Gott begegnen kann.** Nr. 1617 (erscheint im Mai '89)
In jedem Augenblick sind wir von einem „gütigen Geschick" getragen – dieses Buch öffnet die Augen dafür.
Graff, Michael: **Gott wohnt gleich um die Ecke.** Nr. 1331
Eine Einladung, diesseits der gewohnten Begriffe Gottes Nähe zu entdecken.
Frère, Roger: **Alles vom anderen verstehen.** Nr. 1317
Tagebuch-Notizen des Priors von Taizé.

–: **Jeden Augenblick neu.** Nr. 1365
In jeder Stunde sagt Gott uns einmal mehr: Geh, fang an. Der zweite Auswahlband aus den Tagebuch-Notizen.

Sommerauer, Adolf: **Versuch's mit Gott.** Nr. 1593
Ein Jahresbegleiter des bekannten Fernsehpfarrers.

WIE SOLLEN WIR BETEN?

Gebete für das Leben

Balling, Adalbert Ludwig: **Unseren täglichen Reis gib uns heute.** Nr. 1119
Wie beten Christen in der Dritten Welt?

–: **Lieber Gott, du bist prima.** Nr. 1209
Kindergebete.

Bohren, Rudolf: **Ich möchte Mauern durchschreiten.** Nr. 1224
Gebete osteuropäischer Christen.

Braselmann, Werner (Hrsg.): **Gespräche meines Herzens.** Nr. 1332
Texte aus dem Gebetsschatz der Kirchen für die verschiedensten Situationen des Lebens.

–: **„Meine Zeit steht in deinen Händen“.** Nr. 1587
Gebete in der zweiten Lebenshälfte.

–: **Du hältst meine Hand.** Nr. 1375
Gebetstexte aus der Bibel, für viele Gebetsanlässe.

Prijs, Leo (Hrsg.): **Du, unser Vater.** Nr. 1567
Gebete aus dem Judentum.

Rieger, Franz (Hrsg.): **Du bist schön, meine Erde.** Nr. 1326
In allen Kulturen haben Menschen für die Schöpfung gebetet.

Schellenberger, Bernardin (Hrsg.): **Ein Lied, das nur die Liebe lehrt.** Nr. 904
Texte der frühen Zisterzienser-Mönche.

Minuten-Meditationen

In dieser Rubrik sind Taschenbücher verzeichnet, die kurze Meditationstexte anbieten für Christen, die nicht viel Zeit haben zum Gebet, aber einen guten Gedanken mitnehmen wollen in den Tag.

Adelmann v. A., Josef Anselm: **Gottes Sonne 1 x täglich.** Nr. 603
Atemholen beim lieben Gott. Nr. 917
Wenn ich den Regenbogen sehe. Nr. 1290

Balling, Adalbert Ludwig: **Liebe macht keinen Lärm.** Nr. 1078
Gottes Haustür steht immer offen. Nr. 1159
In Gottes Hand geschrieben. Nr. 1319
Atempause für die Seele. Nr. 1519
Gott ist da, wo es hell ist. Nr. 1547
Heimat finden in der Stille. Nr. 1619 (erscheint im Mai '89)

Worte in den Tag

Jahresbegleiter, die für jeden Tag ein weiterführendes, helfendes, frohmachendes Wort anbieten.

Muth-Schwering, Ursula: **Von Tag zu Tag ein weises Wort.** Nr. 989
Von Tag zu Tag ein Hoffnungswort. Nr. 1153
Von Tag zu Tag ein Wort der Freude. Nr. 1237
Ein Dichter-Wort für jeden Tag. Nr. 1502
Sprichwörter für jeden Tag. Nr. 1574
Stiefvater, Alois: **Von Tag zu Tag ein frohes Wort.** Nr. 891
Zum täglichen Gebrauch: Nr. 1213

Aus den Tagebüchern von Frère Roger

In diesen Aufzeichnungen spricht der Prior von Taizé zu Menschen auf der Suche nach Gott.

Ein Fest ohne Ende. Nr. 472
Einer Liebe Staunen. Nr. 819
Vertrauen wie Feuer. Nr. 1194

WAS TRÖSTET UNS IN SCHWEREN TAGEN?

Hoffnung auch im Leid erfahren

Leist, Marielene: **Leid und Trost.** Nr. 809
Wie man in der Familie Krankheit, Behinderung und Tod mittragen kann.
Renner, Rudolf: **Gottes Kraft in unserer Schwachheit.** Nr. 1097
Gerade im Dunkel des Lebens können wir der heilenden Gegenwart Gottes inne werden – die Erfahrung des Glaubens.

Wege aus der Verlassenheit

Müller-Welser, Wolfgang: **Über die Freundschaft.** Nr. 1596 (erscheint im März '89)
Anregungen, das Gespür für ein vertrauensvolles „Du" neu zu beleben.

Sommerauer, Adolf: **Damit Liebe gelingt.** Nr. 1540
Der Rat des bekannten Münchner Fernsehpfarrers.

Tod ist nicht das letzte Wort

Greshake, Gisbert: **Tod – und dann?** Nr. 1504
Ende – Reinkarnation – Auferstehung – Woran sollen wir glauben?

Heinz-Mohr, Gerd: **Vom Licht der letzten Stunde.** Nr. 1327
Eine moderne Ars moriendi: Sterben lernen heißt leben lernen.

Schwarz, Hans: **Wir werden weiterleben.** Nr. 1112
Die Botschaft der Bibel von der Unsterblichkeit – im Licht der modernen Sterbeforschung.

Vorgrimler, Herbert: **Wir werden auferstehen.** Nr. 888
Die Bibel ist voller Botschaften über das Leben „nachher", man muß ihre Texte nur richtig lesen und einordnen.

WIE FINDEN WIR ZU UNS SELBST?

Zeit, die mir gehört

Deichgräber, Reinhard: **Von der Zeit, die mir gehört.** Nr. 1174
Von der Kunst, mit der eigenen Zeit umzugehen.

Hildebrandt, Irma und Walter: **Leben aus der Kraft der Stille.** Nr. 1329
Eintauchen ins Schweigen kann ganz neue Kräfte entbinden.

Kraus, Bernhard / Melcher, Gaby (Hrsg.): **Mach mehr aus deinem Jahr!** Nr. 1384
Schritte gegen den Trott – von jungen Leuten für junge Leute.

–: **Verschenkte Zeit?** Nr. 1562
Hat sich der freiwillige soziale Einsatz gelohnt? Erfahrungsberichte Jugendlicher.

Gewissensfragen

Görres, Albert / Rahner, Karl: **Das Böse.** Nr. 1631 (erscheint im August '89)
Wege zu seiner Bewältigung in Psychotherapie und Christentum.

Rahner, Karl / Welte, Berhard (Hrsg.): **Mut zur Tugend.** Nr. 1308
Bekannte Theologen schreiben über Grundeinstellungen, die dem Leben Farbe und Format geben.
Stoeckle, Bernhard (Hrsg.): **Wörterbuch christlicher Ethik.** Nr. 533

Selbstfindung

Jaschke, Helmut: **Psychotherapie aus dem Neuen Testament.** Nr. 1347
–: **„Aus der Tiefe rufe ich, Herr, zu Dir".** Nr. 1603
Das Psalmengebet kann auch heute noch ein Weg sein aus Depression zur Hoffnung.
Schäfer, Hans: **Dein Glaube hat dich gesund gemacht.** Nr. 1087
Der bekannte Psychosomatiker über das Wechselspiel von Religion und Medizin.
Schruers, Paul: **Macht die Liebe stark!** Nr. 1027
Ein Bischof zu den drängenden Fragen junger Christen.

WAS HEISST: IN GEMEINSCHAFT GLAUBEN?

Kirche für heute

Dorn, Luitpold: **Der Papst und die Kurie.** Nr. 1637 (erscheint im Juli '89)
Ein Blick hinter die Kulissen des Vatikans heute.
Frère Leonard, Taizé: **Wir sind einander anvertraut.** Nr. 1312
Wie können Gemeinden zur Heimat werden? Ein Erfahrungsbericht aus USA
Pfeiffer, Karl Heinz: **Auf ein Wort, liebe Kirche.** Nr. 1084
Möglichkeiten, unsere Kirche etwas wohnlicher, froher und menschenfreundlicher zu machen.
Seeber, David (Hrsg.): **Brauchen wir ein neues Konzil?** Nr. 1400
Rückblick auf das Zweite Vatikanum: Was wurde erreicht? Was verdrängt? Was muß vorangetrieben werden?
Sonntag ist – na und? Nr. 1300
Anregungen und Gedanken für die Sonntagsgestaltung.
Wird die Kirche wieder jung? Nr. 1548
Berichte von einem Aufbruch, der Hoffnung schenkt.
Wo nehmen wir die Vorbilder her? Nr. 1377
Unser Leben im Spannungsfeld zwischen geheimen Verführern und Leitsternen des Glaubens.

Der Weg der Kirche durch die Zeit

Adler, Gerhard (Hrsg.): **Tausend Jahre Heiliges Rußland.** Nr. 1506
Geschichte und Selbstverständnis der orthodoxen Kirche.
Bock, Sebastian: **Kleine Geschichte des Volkes Israel.** Nr. 1642 (erscheint im September '89)
Vom Nomadenstamm bis zur Zerstreuung im 2. Jahrhundert.
Franzen, August: **Kleine Kirchengeschichte.** Nr. 1577
Neubearbeitung, jetzt mit Übersichtstafeln.
Franzen, August / Bäumer, Remigius: **Papstgeschichte.** Nr. 1578
Das Petrusamt von den Anfängen bis in die nachkonziliäre Zeit.
Köhler, Oskar: **Kleine Glaubensgeschichte.** Nr. 987
Christsein im Wandel der Weltzeit.

Symbole und Feste wiederentdecken

Guardini, Romano: **Vom Geist der Liturgie.** Nr. 1049
Küster, Jürgen: **Wörterbuch der Feste und Bräuche im Jahreslauf.** Nr. 1177
Über Sinn und Herkunft der Bräuche im kirchlichen Jahreskreis.
Küster, Jürgen: **Bräuche im Kirchenjahr.** Nr. 1293
Historische Anregungen für die Gestaltung christlicher Feste.
Küster, Jürgen: **Heiligenfeste im Brauch.** Nr. 1518
Die großen Brauchtumsfeste im Kirchenkalender.
Sartory, Gertrude: **Türen zwischen Himmel und Erde.** Nr. 1349
Ein neues Sakramenten-Verständnis.

Das Zeugnis der Orden

Balling, Adalbert Ludwig / Hopfgartner, Joseph (Hrsg.): **Für wen gehst Du?** Nr. 1325
Patres und Brüder berichten über ihr Leben im Orden.
–: **Es gibt viele Wege zu Gott.** Nr. 1581
Hier berichten Ordensfrauen über ihr Leben im Orden.

Unsere Verantwortung für die Schöpfung

Illies, Joachim: **Gottes Welt – in unserer Hand.** Nr. 1232
Der Aufbruch des ökologischen Gewissens.
–: **Die Welt ist Gottes Schöpfung.** Nr. 889
Unser ökologischer Auftrag in biblischer Sicht.
Nestle, Dieter: **„Wenn du im Garten wandelst, lerne den Glauben".** Nr. 1214
Das Matthäusevangelium – das Evangelium von der Schöpfung.
Rieger, Franz (Hrsg.): **Du bist schön, meine Erde.** Nr. 1326
In allen Kulturen haben Menschen für die Schöpfung gebetet.
Stoeckle, B. (Hrsg.): **Wörterbuch der ökologischen Ethik.** Nr. 1262

WAS IST ANDERN HEILIG?

Führer zu den Weltreligionen

Brunner-Traut, Emma (Hrsg.): **Die fünf großen Weltreligionen.** Nr. 488

Kämpchen, Martin / Sartory, Gertrude (Hrsg.): **Nahe der Nabe des Rades.** Nr. 1182
Die Heiligen in den Weltreligionen – beispielhafte Lebensläufe.

Kämpchen, Martin: **Überall lebt Franziskus.** Nr. 1346
In allen Weltreligiönen verkörpern „franziskanische Heilige" eine Lebensweise, die vor allem junge Menschen heute überzeugt.

Kämpchen, Martin (Hrsg.): **Liebe auch den Gott deines Nächsten.** Nr. 1624 (erscheint im Juni '89)
Menschen, die den Dialog der Religionen zu ihrem Lebensthema gemacht haben, berichten von ihren begeisternden Erfahrungen.

Führer zum Judentum

Ben-Chorin, Schalom: **Mein Glaube – mein Schicksal.** Nr. 1091
Gespräch über jüdische Erfahrungen.

Biser, Eugen: **Buber für Christen.** Nr. 1527
Hat das Christentum über den Satz-Glauben den ursprünglichen Vertrauens-Glauben in Gott verloren, wie Buber schrieb?

Prijs, Leo: **Begegnungen mit dem Judentum.** Nr. 1183
Eine Einführung in seine religiösen Gesetze und Traditionen.

–: **Lebensweisheit aus dem Judentum.** Nr. 1322
In fabel-haften Erzählungen zeigt sich jüdische Lebensweisheit.

Weinreb, Friedrich: **Buchstaben des Lebens.** Nr. 699
Die jüdische Überlieferung vom Lebenssinn des Alphabetes.

Führer zum Buddhismus

Borsig, Margareta von: **Unter dem Lächeln Buddhas.** Nr. 1557
Märchen aus Indien und Japan.

–: **Juwel des Lebens. Buddhas erleuchtetes Erbarmen.** Nr. 1309
Die Bibel Ostasiens: Das Lotos-Sutra – hier erstmals auszugsweise aus der chinesischen Version übersetzt.

Brück, R. und M. von: **Ein Universum voller Gnade.** Nr. 1257
Einführung in die Geisteswelt des tibetischen Buddhismus.

Meier, Erhard: **Kleine Einführung in den Buddhismus.** Nr. 1158
Zugleich ein Schlüssel zum Verständnis fernöstlicher Kultur.

–: **Weisung für den Weg der Seele.** Nr. 1381
Was kann das „Tibetische Totenbuch" dem Christen für seinen Glauben geben?

–: **Lebensweisheit des Buddhismus.** Nr. 1265

Meier, Erhard / Khoury, Adel Theodor: **Buddha für Christen.** Nr. 1303
Was trennt seine Lehre vom Glauben der Bibel – was verbindet sie?

Führer zum Hinduismus

Gandhi, Mahatma: **Handeln aus dem Geist.** Nr. 632
Sein Glaube an die Kraft von Güte und Wahrhaftigkeit.
Gandhi, Mahatma: **Aus der Stille steigt die Kraft zum Kampf.** Nr. 1385
Gebete, in denen Gandhi die Kraft fand.
Ramakrishna, Sri: **Setze Gott keine Grenzen.** Nr. 1165
Der bedeutendste Heilige des modernen Indien.
Schreiner, Peter: **Begegnung mit dem Hinduismus.** Nr. 1143
Der Hinduismus umfaßt eine Vielfalt von Heilsvorstellungen und Erlösungswegen.
–: **Lebensweisheit aus Indien.** Nr. 1313
Fabeln und Geschichten bilden den lebendigen Strom weisheitlicher und religiöser Überlieferung aus Indien.
Sequeira, A. Ronald: **Gandhi für Christen.** Nr. 1345

Führer zum Islam

Al-Halladsch: **„O Leute, rettet mich vor Gott“.** Nr. 1240
Ein Erzmärtyrer des Islams.
Allāh, Ibn 'Atā: **Bedrängnisse sind Teppiche voller Gnaden.** Nr. 1508
Hikam, das islamische Trostbuch, hier erstmals in Deutsch.
Inayat Khan, Hazrat: **Vom Glück der Harmonie.** Nr. 724
Wie seine Vina versuchte der islamische Mystiker den Menschen auf Gott hin zu stimmen.
–: **Wanderer auf dem inneren Pfad.** Nr. 1320
Das Leben des Menschen: eine Reise der Seele vom göttlichen Ursprung zu ihrem göttlichen Ziel.
Khoury, Adel Theodor: **Der Islam.** Nr. 1602
Sein Glaube – seine Lebensordnung – sein Anspruch.
Abdullah, M. Salim / Khoury, Adel Theodor: **Mohammed für Christen.** Nr. 1137

Die Antwort der Weltreligionen

heißt die von Adel Theodor Khoury und Peter Hünermann herausgegebene Serie, in der die Grundvorstellungen der großen Weltreligionen von bekannten Religionswissenschaftlern beschrieben und verglichen werden.

Wer ist Gott? Nr. 1079
Friede – was ist das? Nr. 1144
Was ist Erlösung? Nr. 1181
Weiterleben nach dem Tode? Nr. 1202
Wie sollen wir mit der Schöpfung umgehen? Nr. 1338
Warum leiden? Nr. 1383
Wer ist mein Nächster? Nr. 1512
Wozu und wie beten? Nr. 1644 (erscheint im April '89)

Herausforderung für Christen

Diese von Karl Rahner inspirierte und von seinem Lehrstuhl-Nachfolger Eugen Biser mitkonzipierte Serie führt zur Begegnung mit großen Gestalten der Geistes-, Kultur- und Religionsgeschichte, die den Christen herausfordern, seine Position neu zu durchdenken. Den Essays bekannter Fachleute sind im zweiten Teil Texte beigegeben, die zu dieser Auseinandersetzung herausfordern.

Buber für Christen, von Eugen Biser. Nr. 1527
Buddha für Christen, von Erhard Meier und Adel Theodor Khoury. Nr. 1303
Gandhi für Christen, von A. Ronald Sequeira, Nr. 1315
Kierkegaard für Christen, von Walter Rest. Nr. 1389
Luther für Christen, von Walther von Loewenich und Peter Manns. Nr. 1249
Mohammed für Christen, von Muhammad Salim Abdullah und Adel Theodor Khoury. Nr. 1137
Nietzsche für Christen, von Eugen Biser. Nr. 1056
Jesus für Christen, von Eugen Biser. Nr. 1157
Paulus für Christen, von Eugen Biser. Nr. 1219